使いやすい！教えやすい！家庭学習に最適の問題集！

JN035391

愛知県版国立小学校
愛知教育大学附属
名古屋小学校・岡崎小学校

2021 年度版

過去問題集

最新の入試問題と特徴的な出題を含めた全40問掲載

<問題集の効果的な使い方>

①お子さまの学習を始める前に、まずは保護者の方が「入試問題」の傾向や難しさを確認・把握します。その際、すべての「学習のポイント」にも目を通しましょう。

②入試に必要なさまざまな分野学習を先に行い、基礎学力を養ってください。

③学力の定着が窺えたら「過去問題」にチャレンジ！

④お子さまの得意・苦手が分かったら、さらに分野学習をすすめレベルアップを図りましょう！

必ずおさえたい問題集

名古屋小学校

口頭試問	新口頭試問・個別テスト問題集
図形	Ｊｒ・ウォッチャー１「点・線図形」
数量	Ｊｒ・ウォッチャー16「積み木」
数量	Ｊｒ・ウォッチャー37「選んで数える」
言語	Ｊｒ・ウォッチャー60「言葉の音（おん）」

岡崎小学校

記憶	1話5分の読み聞かせお話集①②
記憶	お話の記憶 初級編・中級編
記憶	Ｊｒ・ウォッチャー19 お話の記憶
常識	Ｊｒ・ウォッチャー56「マナーとルール」
巧緻性	Ｊｒ・ウォッチャー24「絵画」

●資料提供●
エコール・ドゥ・アンファン
小学校受験部

ISBN978-4-7761-5324-5

C6037 ￥2300E

9784776153245

日本学習図書（ニチガク）

定価　本体2,300円＋税

1926037023005

目指せ！合格！

家庭学習ガイド
愛知教育大学附属名古屋小学校

入試情報

出題形態：ペーパー・ノンペーパー
面　　接：本人・保護者
出題領域：ペーパーテスト（お話の記憶・数量・図形）、
絵画、運動テスト、行動観察

受験にあたって

第１次選考ではペーパーテスト、運動テスト、行動観察、面接、口頭試問が実施されています。ペーパーテストでは本年度も「お話の記憶」は出題されていません。新たに出題されたのは、「積み木の数を数える」「しりとり」「数の多少」といった問題です。内容が少しずつですが変化しているので、それに対応できるように、広い分野の基礎学習を行いましょう。

第１次選考後に第２次選考有資格者が発表され、同日に実施される第２次選考の抽選により、最終的な合格者が決定されます。面接における保護者への質問は、志望動機、学校行事やＰＴＡ活動への参加の意志、公共交通機関でのマナー、学校でのトラブルへの対応などですが、この中でも特に、学校でのトラブル対応については、回答に対してさらに追加の質問をされたようです。保護者の方は、あらかじめどのように答えるかを考えておいた方がよいでしょう。志願者には口頭試問形式で、道徳やマナーなど、小学校入試で言えば常識分野に当たる質問があったようです。当校の教育目標として「よく考え、実践する子」「人を敬い、助け合う子」などが掲げられていますが、質問の内容もこれに即したものだと言えます。

必要とされる力　ベスト６

チャートで早わかり！

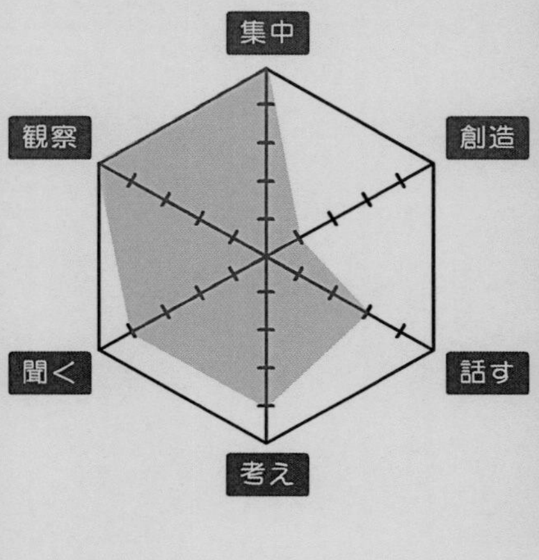

特に求められた力を集計し、左図にまとめました。
下図は各アイコンの説明です。

	アイコンの説明
集中	集　中　力…他のことに惑わされず１つのことに注意を向けて取り組む力
観察	観　察　力…２つのものの違いや詳細な部分に気付く力
聞く	聞　く　力…複雑な指示や長いお話を理解する力
考え	考える力…「～だから～だ」という思考ができる力
話す	話　す　力…自分の意志を伝え、人の意図を理解する力
語彙	語　彙　力…年齢相応の言葉を知っている力
創造	創　造　力…表現する力
公衆	公衆道徳…公衆場面におけるマナー、生活知識
知識	知　　識…動植物、季節、一般常識の知識
協調	協　調　性…集団行動の中で、積極的かつ他人を思いやって行動する力

※各「力」の詳しい学習方法などは、ホームページに掲載してありますのでご覧ください。http://www.nichigaku.jp

目指せ！合格！家庭学習ガイド 愛知教育大学附属岡崎小学校

入試情報

出題形態：ペーパー・ノンペーパー
面　　接：本人・保護者
出題領域：ペーパーテスト（お話の記憶・図形・常識）、運動テスト、行動観察、巧緻性、制作

受験にあたって

１日目に行われる面接では、志願者が先に入室し、お友だちとの関わりについてなどの質問や、お話作りが行われました。保護者には、志望動機のほか、学校・保護者・子ども、三者間の連携についての質問がなされています。２日目に行われた教育テストでは、記憶、常識、図形のピースを使って絵画を制作する課題が出されました。運動テストも含め、ここ数年、傾向に大きな変化は見られません。テスト全体を通し、指示をしっかり聞き取り理解する力、よく考えて行動する姿勢、自分の意見を相手に伝える力が求められていると言えるでしょう。そのことは、当校が教育目標として「実体験を重視し、生活の中から問題を見つけて自ら解決する力を育む」ことを掲げていることからもうかがえます。ふだんの生活の中でさまざまなものごとに触れる中で、お子さまが興味や疑問を持って自ら調べ、考えて答えを見つけ出すようにうながしてください。

教育機関であると同時に研究機関でもある当校には、「生活自体が学習でなければならない」を理念の１つとして、生活の中での実体験を通じた学習を大切にしてきたという歴史があります。したがって当校への入学を希望するご家庭には、教育目標や研究理念を理解し、それに従い、協力することが求められます。

必要とされる力　ベスト６

チャートで早わかり！

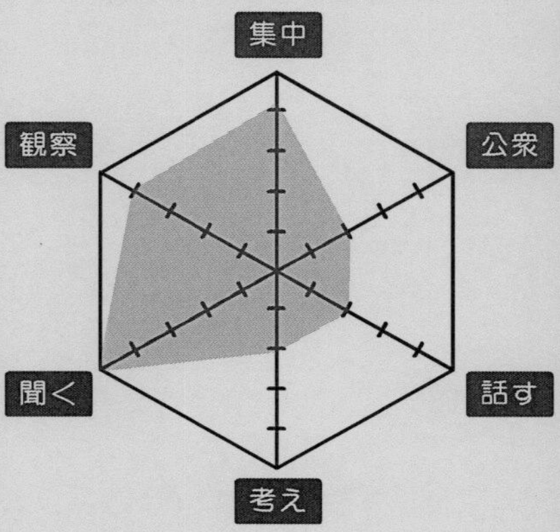

特に求められた力を集計し、左図にまとめました。
下図は各アイコンの説明です。

	アイコンの説明
集中	集　中　力…他のことに惑わされず１つのことに注意を向けて取り組む力
観察	観　察　力…２つのものの違いや詳細な部分に気付く力
聞く	聞　く　力…複雑な指示や長いお話を理解する力
考え	考える力…「～だから～だ」という思考ができる力
話す	話　す　力…自分の意志を伝え、人の意図を理解する力
語彙	語　彙　力…年齢相応の言葉を知っている力
創造	創　造　力…表現する力
公衆	公衆道徳…公衆場面におけるマナー、生活知識
知識	知　　識…動植物、季節、一般常識の知識
協調	協　調　性…集団行動の中で、積極的かつ他人を思いやって行動する力

※各「力」の詳しい学習方法などは、ホームページに掲載してありますのでご覧ください。http://www.nichigaku.jp

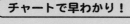

愛知県版
国立小学校
過去問題集

〈はじめに〉

現在、少子化が叫ばれているにもかかわらず、国立・私立小学校の入学試験には一定の応募者があります。入試は、ただやみくもに学習するだけでは成果を得ることはできません。志望校の過去における出題傾向を研究・把握した上で、練習を進めていくこと、その上で試験までに志願者の不得意分野を克服していくことが必須条件です。そこで、本問題集は小学校を受験される方々に、志望校の出題傾向をより詳しく知って頂くために、過去に遡り出題頻度の高い問題を結集いたしました。最新のデータを含む精選された過去問題集で実力をお付けください。

また、志望校の選択には弊社発行の「2021年度版 近畿圏・愛知県 国立・私立小学校 進学のてびき」をぜひ参考になさってください。

〈本書ご使用方法〉

◆出題者は出題前に一度問題を通読し、出題内容などを把握した上で、〈 準 備 〉の欄に表記してあるものを用意してから始めてください。
◆お子さまに絵の頁を渡し、出題者が問題文を読む形式で出題してください。ただし、問題を読んだ後で絵の頁を渡す問題もありますのでご注意ください。
◆「分野」は、問題の分野を表しています。弊社の問題集の分野に対応していますので、復習の際の目安にお役立てください。
◆一部の描画や工作、常識等の問題については、解答が省略されているものがあります。お子さまの答えが成り立つか、出題者が各自でご判断ください。
◆〈 時 間 〉につきましては、目安とお考えください。
◆学習のポイントは、指導の際にご参考にしてください。
◆【おすすめ問題集】は各問題の基礎力養成や実力アップにご使用ください。

〈本書ご使用にあたっての注意点〉

◆文中に **この問題の絵は縦に使用してください。** と記載してある問題の絵は縦にしてお使いください。
◆〈 準 備 〉の欄で、クレヨンと表記してある場合は12色程度のものを、画用紙と表記してある場合は白い画用紙をご用意ください。
◆文中に **この問題の絵はありません。** と記載してある問題には絵の頁がありませんので、ご注意ください。尚、問題の絵の右上にある番号が連番でなくても、中央下の頁番号が連番の場合は落丁ではありません。
下記一覧表の●がついている問題は絵がありません。

問題1	問題2	問題3	問題4	問題5	問題6	問題7	問題8	問題9	問題10
								●	●
問題11	問題12	問題13	問題14	問題15	問題16	問題17	問題18	問題19	問題20
	●								
問題21	問題22	問題23	問題24	問題25	問題26	問題27	問題28	問題29	問題30
問題31	問題32	問題33	問題34	問題35	問題36	問題37	問題38	問題39	問題40
								●	

◎学習効果を上げるため、前掲の「家庭学習ガイド」をお読みになり、各校が実施する入試の出題傾向をよく把握した上で問題に取り組んでください。
※冒頭の「本書ご使用方法」「ご使用にあたっての注意点」も併せてご覧ください。

〈愛知教育大学附属名古屋小学校〉

2020年度の最新問題

問題1 分野：図形（点・線図形） 観察 集中

〈準 備〉 鉛筆

〈問 題〉 左の見本と同じように、右の点を線でつないでください。２枚目も同じように答えてください。

〈時 間〉 各20秒

〈解 答〉 省略

［2020年度出題］

学習のポイント

見本を見ながら、その通りに点を線でつなぐ問題です。こうした問題でチェックされるのは「正確に書く」ということだけなので、その点は意識して作業してください。基本的には次のような方法がおすすめです。まず、「書き始めの点」を「上から～番目で左から～番目」としっかり認識し、次の点も「その点から右へ２つ、下へ１つ」と認識した上で線を引き始めます（この時、ペン先と次の点、つまり線の終わりの点の両方が視界に入るようにすると、それなりにきれいな線が引けるはずです）。線を引き終わったら、引いてある位置が正しいかどうかを確認し、間違っていれば引き直します。これを繰り返せば解答終了というわけです。なお、当校では解答を鉛筆で書くので、消しゴムで修正できますが、何度も修正するとどうしても答案が汚れて「雑に」見えます。ほどほどにしておいてください。

【おすすめ問題集】
Ｊｒ・ウォッチャー１「点・線図形」、２「座標」、51「運筆①」、52「運筆②」

問題2　分野：数量（数の比較）

観察　集中

〈準備〉　鉛筆

〈問題〉　（問題2の絵を渡す）
2つの四角の中に絵が描かれています。点線の左側と右側を比べて、数の多い方に○をつけてください。

〈時間〉　各2分

〈解答〉　下図参照

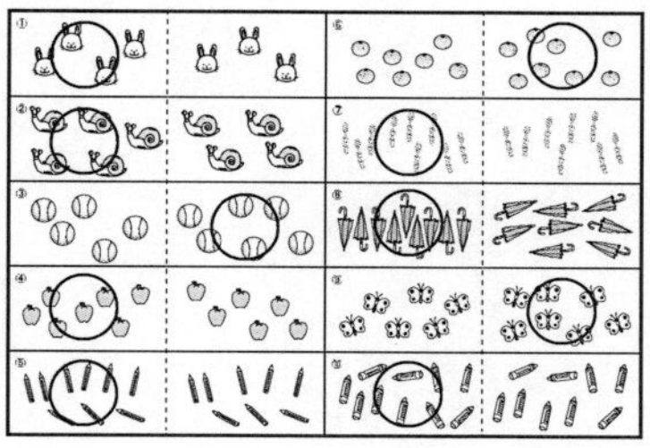

［2020年度出題］

学習のポイント

どちらが多いか、少ないかを聞いていますが、結局は「数に対するセンス」を観点にした問題です。「数に対するセンス」とはひと目で2つの集合の多少がわかったり、10以下の数であれば、指折り数えずにいくつのものがあるかがわかる、といった感覚のことを言います。こういう表現をしてしまうと難しそうに聞こえるのですが、この感覚は、特別な訓練が必要なものではなく、日常生活で自然と身に付いていくものです。お菓子がテーブルの上にいくつか転がっていれば自然と数え、自分の食べてよいものはいくつだろう、と考えるのがお子さまではないでしょうか。保護者の方は、特別な指導をしようとするより、そうした日常の機会をとらえて、学習の機会に変えればよいのです。

【おすすめ問題集】

Ｊｒ・ウォッチャー15「比較」、38「選んで数える」、58「比較2」

問題3　分野：常識（仲間さがし）

知識　考え

〈準　備〉　鉛筆

〈問　題〉　左側の絵と同じ仲間のものを、右側の絵の中から２つ選んで○をつけてください。２枚目も同じように答えてください。

〈時　間〉　各30秒

〈解　答〉　①左から２番目、右端（炊飯器、アイロン）
②左端、右から２番目（ノート、消しゴム）
③左端、左から２番目（リンゴ、モモ）
④左から２番目、右から２番目（長ぐつ、傘）
⑤左端、右から２番目（カラス、ツル）
⑥右から２番目、右端（スプーン、ナイフ）
⑦右から２番目、右端（イカ、魚）
⑧左から２番目、右から２番目（ひな人形、サクラ）

［2020年度出題］

学習のポイント

絵の共通点を見つけて選ぶ常識分野の問題です。こうした問題に対応するには、ご家庭での学習で「もの」について名前を覚えるだけでなく、特徴や使用方法もいっしょに覚える必要があります。印象に残りやすいよう、できれば「体験」した方がよいでしょう。「これは電気で動くもの」と掃除機を見せるよりは、スイッチを入れてそれを使って掃除をさせてください。身近にいない動物や見かけない植物、最近はあまり行われない季節の行事など体験することが難しいものがあります。こうしたものはインターネットや図鑑など、さまざまなメディアを利用して、疑似体験をさせください。映像でも、興味が持てるものならお子さまは覚えてくれるでしょう。

【おすすめ問題集】
Ｊｒ・ウォッチャー11「いろいろな仲間」、12「日常生活」、27「理科」、34「季節」、55「理科②」

問題4　分野：推理（系列）

観察　考え

〈準　備〉　鉛筆

〈問　題〉　空いている四角に入る絵を下の四角から選んで、その四角に書かれた印と同じ印をつけてください。

〈時　間〉　各30秒

〈解　答〉　下図参照

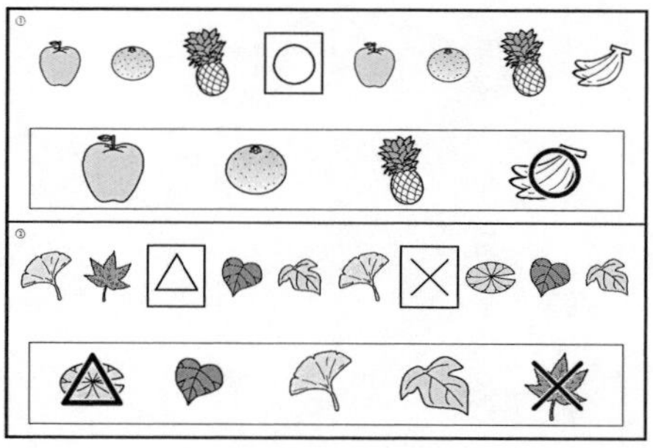

［2020年度出題］

学習のポイント

系列の問題は、「記号がどのようなパターンで並んでいるのかを考えること」が基本の解き方です。難しいことではありません。まず、系列の記号の並びを左から見わたして、同じ記号が２回目に出ているところを見つけます。この問題の①で言えば、最初に出ている「リンゴ」が５番目にも出ています。たいていの系列（パターン）では同じものが２回登場しないので「リンゴ」「ミカン」「パイナップル」「？」までで系列が終わっていると仮定して、５番目のリンゴより後ろの系列（パターン）をチェックします。すると「リンゴ」「ミカン」「パイナップル」「バナナ」と並んでいるので、仮定したパターンが正しく、空欄に入る絵が「バナナ」であることもわかります。同じものが２回登場するパターン（○▲○□）や絵の並びが円になっている（観覧車）パターンなど、これよりも複雑なものにはこの解き方は通用しませんが、基本となる考え方ですので覚えておいてください。

【おすすめ問題集】

Ｊｒ・ウォッチャー６「系列」、31「推理思考」

問題5　分野：言語（しりとり）

語彙　知識

〈準 備〉　鉛筆

〈問 題〉　**この問題の絵は縦に使用してください。**
１番左側の絵からしりとりをした時、使わないものが１つあります。それぞれの段から探して○をつけてください。

〈時 間〉　１分

〈解 答〉　①右（セミ：ピアノ→ノコギリ→リス）
②左（てぶくろ：メガネ→ネコ→コタツ）
③真ん中（せんぷうき：アジサイ→イチゴ→ゴリラ）
④右（サクラ：モチ→チューリップ→プリン）
⑤真ん中（イノシシ：くつした→タコ→コウモリ）

［2020年度出題］

学習のポイント

しりとりの問題です。先頭の言葉がわかっているので、かなり簡単と言えるでしょう。登場する言葉（絵）も見慣れたものばかりですから、ある程度学習が進んでいるお子さまならすらすら答えられたのではないでしょうか。もし、答えに詰まるようなら次のような原因が考えられます。①年齢なりの言葉の知識、つまり語彙がない。②絵と言葉が結びつかない、絵が何をあらわしているのかわからない。このうち、①についてはとにかくお子さまが言葉を覚える機会を逃さないようにすることです。言葉カードのような知育玩具もありますが、それよりは生活の場面で目にするものやお子さまが関心を持ったものの言葉を、保護者の方が使い方を含めて教える方が効率がよいかもしれません。②に関しては類題にあたって「実物と絵の差」を学んでください。慣れるほどお子さまの理解は深まり、語彙も増えていきます。

【おすすめ問題集】
Ｊｒ・ウオッチャー17「言葉の音遊び」、49「しりとり」、
60「言葉の音（おん）」

問題6　分野：言語（頭音つなぎ）

語彙　集中

〈準　備〉　鉛筆

〈問　題〉　左の四角の絵の、最初の音をつないでできる言葉を、右の絵の四角から選んで、線でつないでください。

〈時　間〉　１分

〈解　答〉　下図参照

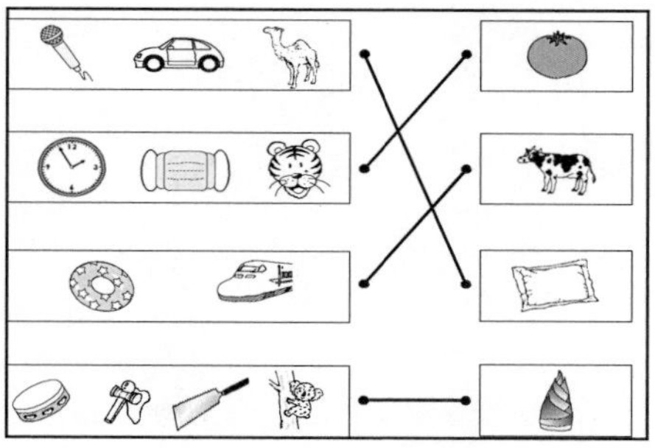

［2020年度出題］

学習のポイント

言葉の音（おん）の問題です。言葉の音（おん）とは簡単に言えば、読み方のことですが、これを理解するには、お子さまが言葉を覚える段階で「ね、ず、み」のように１音ずつ切って、はっきり発音して聞かせ、その言葉がいくつの音（おん）でできているか意識させてください。違う言葉でも何度か繰り返せば、お子さまも言葉の成り立ちや言葉の音を理解するでしょう。なお、当校入試では言語分野の問題が頻出していますので、類題の学習はもちろん、「日常で使う言葉」を増やしてしていく必要があります。それは「知らないものの名前を覚える」ということだけではありません。当校で言えば、少なくともほかの分野の問題（面接や運動、行動観察を含む）で登場するもの、指示で使われる言葉を含めて学ぶということです。

【おすすめ問題集】

Ｊｒ・ウォッチャー17「言葉の音遊び」、60「言葉の音（おん）」

問題7　分野：図形（展開）

観察　考え

〈準備〉　鉛筆

〈問題〉　左の折り紙の色の部分を、ハサミで切り抜いてから開いた時、どのような形になりますか。右の中から選んで○をつけてください。

〈時間〉　1分

〈解答〉　①左から2番目　②左端　③右から2番目　④左端

［2020年度出題］

学習のポイント

折り畳んである絵を広げたら、どの図形になるのか考える「展開」の問題です。小学校受験ではこういった図形分野の問題の出題が増えていますので、当校でも出題される機会が増えていくでしょう。さて、展開の問題では、いきなり「折り畳まれているものを広げたらどうなるか」と聞かれると、お子さまはよくわからなくなってしまいます。慣れるまでは「折り目の線を軸にして見えている形と左右反転した形が裏側にもある（切り抜かれている）」、という説明を付け加えてください。説明してわからなければ実際に紙を折って、切り抜きお子さまに見せてもよいでしょう（何度も行うのはどうかと思いますが）。この問題に限ったことではありませんが、「何を聞かれているか」「どのように考えればよいか」がわかれば、お子さまはこうした問題はすらすら解くものです。

【おすすめ問題集】

Ｊｒ・ウォッチャー５「回転・展開」、８「対称」

問題8　分野：数量（積み木）

観察　考え

〈準備〉　鉛筆

〈問題〉　積み木はそれぞれ何個ありますか。その数だけ右の四角の中に○を書いてください。隠れている積み木もあるので注意してください。

〈時間〉　1分30秒

〈解答〉　①○：6　②○：12　③○：17

［2020年度出題］

学習のポイント

積み木の数の問題です。もし、お子さまがよく理解していないなら次の方法を試してください。①基本となる８個の積み木で構成するサイコロのような立方体（積み木が下段４つ、上段４つの立方体）をイメージする　②その形を基準に積み木いくつ多いのか（少ないのか）と考えて答えを出す、という方法です。問題①なら、基本となる積み木に対して上段の積み木が２つ少ないので８－２＝６ということになります。この考え方のよいところは、「（ほかの積み木の下に置かれて）描かれていない積み木」について推測しなくても正しい答えが出せることでしょう。ただし、②や③のように多くの積み木が使われていると、混乱の原因になってしまうこともあります。使用はケース・バイ・ケースという形で教えてください。

【おすすめ問題集】

Ｊｒ・ウオッチャー14「数える」、16「積み木」

問題９　分野：行動観察

聞く　協調

〈準備〉　イス（５つ程度を一列に並べておく）、５ｍほどの間隔で２本の線を床に引く、机（10台程度）

〈問題〉　この問題の絵はありません。

（ＶＴＲで「イス渡り」と「ケンパ」、「模倣体操」のお手本が流れる）

①お手本のように、スタートの線からゴールの線まで、「ケンパ、ケンパ、ケンパ」のリズムで進んでください。

②お手本のように、イスの上に立ち、そこを落ちないように歩き、端まで行ったら振り返って、両足を揃えてジャンプでおりてください。

③（問題９の模倣体操の終了後）
みんなで片付けをします。イスは１つを１人で、机は１つを２人で持って、部屋の端に片付けしてください。

〈時間〉　適宜

〈解答〉　省略

［2020年度出題］

学習のポイント

行動観察の課題です。観点は指示の理解と協調性です。もちろん、片付けや待っている間のお子さまの態度も評価されます。ふだんの行動に不安があるようなら、「人に迷惑をかけない」「話を最後まで聞く」「一生懸命取り組む」といったことを試験前に言っておきましょう。とは言え、あまりにも小言を言い過ぎて萎縮させてもいけませんから、ほどほどにしてください。ふだんの集団行動が問題なくできているお子さまなら、特に何も言わなくてもよいかもしれません。国立小学校の行動観察（運動・制作）は能力を評価するものではなく、年齢相応のコミュニケーションが取れ、学校生活を問題なく送れるだけの協調性のあるなしを評価するためのものです。緊張しすぎて、突拍子もないことをするのだけは避けてください。

【おすすめ問題集】

Ｊｒ・ウォッチャー28「運動」、29「行動観察」

問題10　分野：運動（模倣体操）

集中　聞く

〈準　備〉　特になし

〈問　題〉　この問題の絵はありません。

お手本のように、みんなでいっしょに体操をしてください。

・グーパー・グーパー・グーと手を広げたり閉じたりする。

・両手を前に出し、グーになるように親指から順に指を折る。グーになったら、小指から順に指を広げていく。

・両腕を前に出し、前から腕を下ろしながら前方へ３回ほど回す。
前から腕を上げながら後方へ３回ほど回す。

〈時　間〉　適宜

〈解　答〉　省略

［2020年度出題］

学習のポイント

指示通りに体を動かす模倣体操です。行う前にＶＴＲで見本が流れ、次に行う動きを見ることができます。そしてテスターからどのようにするのか指示が出されます。動き自体は難しいものではありませんが、指先の動きや腕を回す回数などの細かい指示があります。見逃しや聞き逃しがないように注意してください。指示やお話を最後まで聞いて、その通り行動するということしか評価されるものはありません。運動能力を評価されるものではない、という認識を保護者の方も持って指導にあたるようにしてください。

【おすすめ問題集】

Ｊｒ・ウォッチャー28「運動」、新運動テスト問題集

問題11　分野：親子面接

聞く　話す　知識

〈準備〉　ブロック４個程度、マーカー（黒）

〈問題〉　志願者への質問

●志願者に対して

・お名前を教えてください。

・今から絵を見せます。その絵を見て、やってはいけないこと、直した方がよいことを答えてください。

（11-1、11-2、11-3の絵から１つずつ見せる）

①電車のつり革にぶら下がっている子

②ボールで遊んでいるときにぶつかりそうな子

③なわとびやボールが箱の中から出ている

・今からお話をします。正しければ「マル」、間違っている時は「バツ」と答えてください。

①星は朝に見えます。

②お雑煮はクリスマスに食べます。

③キクは秋の花です。

④ダチョウは卵を産みます。

（11-4の絵を渡す）

・この漢字をペンでなぞってください。

・ブロックを使って、箱の形を作ってください。

保護者への質問

●母親に対して

・志望動機を教えてください。

・小中一貫校についてどのようにお考えですか。

・附属中学校への進学を希望されますか。

●父親に対して

・電車やバスでのマナー、あいさつは学校でも教えますが、家庭ではどのように教えていますか。

●保護者のいずれかに対して

・例えば、入学して「お子さまがお友だちのノートに落書きしているという複数の証言がありますが、お子さまは認めていない」と連絡があった場合、どのように対応しますか。

・急な病気などの時にすぐに迎えに来ることができますか。

・（受付時に渡されるプリントを見て）学校との約束を守れますか。

①本校指定地域内にお住まいで、居住地から直接登下校できますか。

②本校の教育活動や教育研究にご協力いただけますか。

③学年・学級ＰＴＡや個人懇親会に必ずご参加いただけますか。

④ＰＴＡ活動に積極的に参加し、ご協力いただけますか。

⑤ＰＴＡ役員をお引き受けいただけますか。

⑥ほかの保護者の方々と協調し、よりよい児童の育成およびＰＴＡ活動の運営を円滑に行っていただけますか。

⑦「自家用車による送迎禁止」等、本校で定められたきまりをお守りいただけますか。

〈時間〉　適宜

〈解答〉　省略

［2020年度出題］

学習のポイント

保護者と志願者は同じ会場ですが、別々のブースで面接に臨みます。保護者の方はお子さまが気になるでしょうが、自分の面接に集中しましょう。というのは、保護者に対しては意見を求めるというより、「正解」を求める問題が多いからです。特に例年聞かれる「本校指定地域内にお住まいで、居住地から直接登下校できますか」など、入学資格や入学後の教育への協力についての質問にはある程度準備して臨んでください。下手なことを言うと、その場で「失格」してしまいます。お子さまの面接では、名前が聞かれた後に、口頭試問があります。常識、特にルールやマナーについての質問が多いので過去問を参考にどのように答えるかを決めておいてください。同じ質問内容が数年続いています。

【おすすめ問題集】

新 小学校受験の入試面接Q＆A、面接テスト問題集、面接最強マニュアル、
新口頭試問・個別テスト問題集、新ノンペーパーテスト問題集

問題12　分野：集団行動

聞く　協調

〈準　備〉　ボール（約10個）、紙（A1サイズ、約10枚）、カゴ２つ

〈問　題〉　この問題の絵はありません。
①赤チームと白チームに分かれます。
②チームの中で２人１組のペア、運ぶ順番を決める。
③ボールを２人で紙に載せて、かごまで運んでいく。
④途中でボールを落としたら、次のペアに代わる。
⑤終わりの指示が鳴るまで続けてください。
⑥最後にみんなでボールの数を数えて、多かった方が勝ちです。

〈解　答〉　省略

［2020年度出題］

学習のポイント

チームに分かれて行う集団行動の課題です。こうした勝敗のあるゲームの場合、勝敗にこだわって、ほかのお友だちとトラブルにならないようにしてください。評価されるのはお子さまの姿勢です。つまり、先生の指示を聞くこと（状況を把握する力）、元気に主体的に取り組むこと（積極性、素直さ）、指示を守ってゲームを成立させること（協調性）、お友だちとコミュニケーションをとって共同作業を行うこと（社会性）、マナーを守ること（公共性）などです。これらは、お子さまが入学後に学校生活を営んでいく上で、大切なことです。日常生活を通してお子さま自身が自然に身に付けていけるように、家庭内でのコミュニケーションやお友だちとの遊びの時間を大切にしてください。

【おすすめ問題集】

Ｊｒ・ウォッチャー29「行動観察」、新ノンペーパーテスト問題集

2019年度以前の過去問題

問題13　分野：図形（図形分割）

観察　集中

〈準備〉　鉛筆

〈問題〉　３枚の絵を組み合わせて左の見本を作る時に使わないものを、右から選んで○をつけてください。２枚目も同じように答えてください。

〈時間〉　各15秒

〈解答〉　①右から２番目　②右から２番目　③左から２番目
④左端　⑤右端　⑥左端

［2019年度出題］

学習のポイント

「いらない絵（ピース）を答える」というパズルの問題です。完成図をイメージすることができ、いらない部品がひと目でわかる、というお子さま以外は消去法を用いて考えましょう。まず、両端（上下左右）に入りそうな絵に印を付けます。次に印の付いていない選択肢と印の付いている選択肢をつなげた時に、矛盾がないかどうかをチェックします。スムーズにつながっているものに印を付けると、残ったものが答えということになります。こういったテクニックを使わなくても、図形分野の問題は「慣れればわかる」というのも１つの考え方ですが、パズルという遊びではなく、問題として目にするとよくわからなくなるというお子さまもいるでしょう。そういったお子さまにはわかりやすい考え方です。

【おすすめ問題集】
Ｊｒ・ウォッチャー３「パズル」、45「図形分割」

問題14　分野：推理（シーソー）

観察　考え

〈準備〉　鉛筆

〈問題〉　シーソーを見て、１番重い動物に○をつけてください。

〈時間〉　各30秒

〈解答〉　①真ん中（クマ）　②左（ネコ）　③真ん中（キツネ）　④真ん中（ゴリラ）

［2019年度出題］

学習のポイント

シーソーの問題です。小学校入試の問題でよく見られるシーソーの問題は、１番重いものや２番目に重いものなど、重さの順番を答えます。基本的な解き方は「それぞれの重さの関係を確認し、重い順に並べた上で答えを見つける」です。例えば①の場合、左のシーソーからクマはウサギよりも重いことがわかり、右のシーソーからウサギはカエルよりも重たいことがわかります。この２つの関係から、重い順にクマ＞ウサギ＞カエルとなることがわかり、クマが正解となります。よくみると、１番重いものは１度も上の軽いところにはきません。また１番軽いものは１度も下の重いところにはきません。このシーソーの法則を理解し、比較していくとお子さまは理解しやすいでしょう。ただ、気を付けてほしいのは、問題の中の果物の重さの関係は、描かれている大きさや、実際の果物の重さとは無関係ということです。「リンゴは大きいから重い」「イチゴはふつう軽い」などと、思い込みで判断したりしないように、あくまでもシーソーを使った比較で判断するように指導してください。

【おすすめ問題集】

Ｊｒ・ウォッチャー31「推理思考」、33「シーソー」、58「比較②」

問題15　分野：推理（シーソー）

観察　観察　集中

〈準　備〉　鉛筆

〈問　題〉　シーソーを見て、１番重いものに○をつけてください。

〈時　間〉　各30秒

〈解　答〉　下図参照

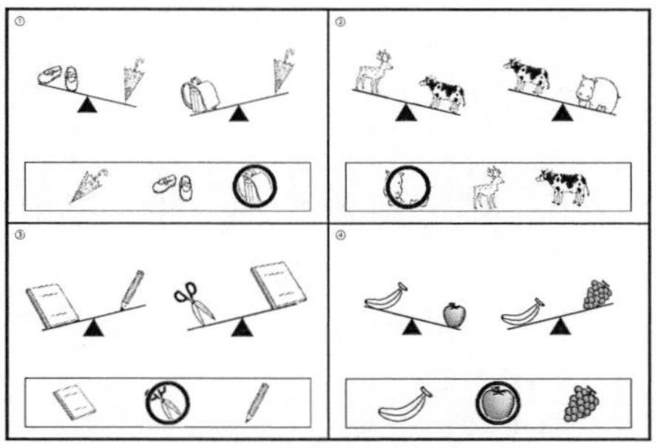

［2018年度出題］

学習のポイント

選択肢の中で１番重いものを選ぶ、シーソーを使った比較の問題です。それぞれのシーソーからわかる「～より～が重い（軽い）」という条件をまとめ、「順位付け」をしてから回答することになります。また、１問あたりの回答時間は短いので、じっくりと考えている余裕はありません。解き方のポイントとしては、まずは１番重いものを見つけることです。①の場合、右のシーソーでは、うわばきと傘があり、傘の方が重いとわかります。同じ様に左のシーソーを見ると、傘よりもランドセルの方が重いことがわかります。それぞれのシーソーから、うわばき＜傘＜ランドセルということがわかり、ランドセルが１番重いということがわかります。１番重いものを先にみつけることは、「何番目に重いものに○をつけてください」という問題の時でも、ほかの選択肢に絞れる手段の１つになるので、ぜひこの流れで問題を解いて、慣れてください。

【おすすめ問題集】

Ｊｒ・ウォッチャー31「推理思考」、33「シーソー」

問題16　分野：図形（点・線図形）

観察　集中

〈準備〉　鉛筆

〈問題〉　左の見本と同じように、右の点を線でつないでください。２枚目も同じように答えてください。

〈時間〉　各20秒

〈解答〉　省略

［2018年度出題］

学習のポイント

見本通りに、点を線でつなぐ問題です。評価対象として注目されるのは、①見本と同じ点（座標）を特定できる。②線をきれいに引くことができるという２つのポイントです。同じ点（座標）に引くためには、「左から○番目、上から○番目」というように、まず書き始める点（始点）を自分なりに決めておくとよいでしょう。始点を決めれば、次はどこまで線を引くのか、同じように決めて、まっすぐな線を１つひとつ引くようにしましょう。一気に曲がる線まで書いてしまうと、線もまっすぐになりませんし、線を引きすぎてしまう場合があります。本問は当校を受験するお子さまのほとんどが正答できるものなので、きれいに線を引くというところで、ほかのお子さまと差を広げていきたいものです。

【おすすめ問題集】

Ｊｒ・ウォッチャー１「点・線図形」、２「座標」、51「運筆①」、52「運筆②」

問題17　分野：図形（パズル）

観察　考え

〈準　備〉　鉛筆

〈問　題〉　右側の２つの形を合わせると、左の四角に書いてある形になるものを、右の四角から２つ選んで○をつけてください。

〈時　間〉　各30秒

〈解　答〉　下図参照

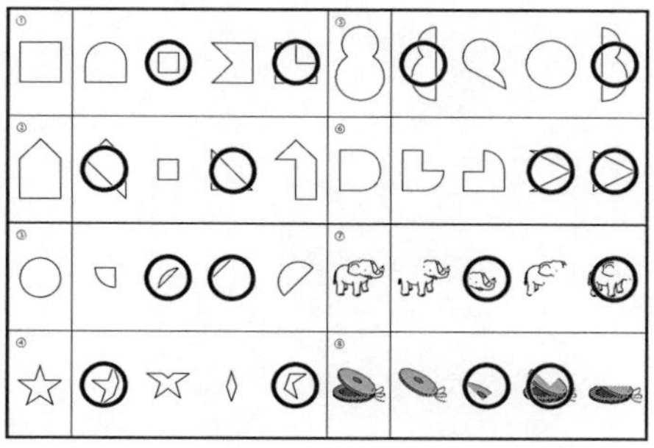

［2018年度出題］

学習のポイント

見本の絵と同じ形になるように、選択肢の中から２つのピースを選ぶパズルの問題です。⑦や⑧のような動物や楽器などの絵を使った問題では、足りない部分を想像して補うという、欠所補完の考え方も取り入れるとわかりやすいでしょう。本問を解く基本的な考え方は、見本の形や絵をイメージした上で、足りない部分を補うには、どんな形が必要か全体をイメージすることです。最後に、線の傾きや角度の大きさ、絵の中の線のつながりなどの、その図形の特徴に注目して、正しい組み合わせを選んでいきましょう。こうした図形の問題において必要となる、図形の特徴をとらえる能力や、図形の変化（欠ける、回転するなど）を想像する力を鍛えるには、経験を積むしかありません。類題ばかりでなく、タングラムやジグソーパズルなどを楽しみながら、図形に関する知識を深めていきましょう。

【おすすめ問題集】

Ｊｒ・ウォッチャー３「パズル」、９「合成」、31「推理思考」

問題18　分野：常識（仲間さがし）

知識　考え

〈準備〉　鉛筆

〈問題〉　上の絵の仲間を、下の四角から選んで○をつけてください。

〈時間〉　各30秒

〈解答〉　①右から２番目（自動車、四輪）　②左端（イルカ、ほにゅう類）
③左から２番目（ツバキ、冬）　④右から２番目（リンゴ、実が木になる）
※お子さまがこの解答以外に○をつけた場合、説明を聞いて、問題の主旨とあっているものと判断できる場合は、正解としてください。

［2018年度出題］

学習のポイント

並んでいる絵の共通点を考える常識分野の問題です。年齢相応の知識量や、その知識から共通点を見つける発想力が観られます。こうした、知識を得るための学習では、まずものの名前と姿形を覚え、次にその特徴や使用方法などをおぼえるようにしましょう。名前を覚えるのは単純な記憶ですが、ものの「特徴・性質」を覚えるのは、体験を伴っていないとなかなか身に付きません。また、得た知識は整理しないとこうしたテストには活用できませんので、そのような機会をつくっておくとよいでしょう。生活環境によっては、そういう機会をつくるのは難しいかもしれません。図鑑やインターネットなどさまざまなメディアを使うことで補っていくことができます。また③は「正月（門松）」「節分（豆まき）」「クリスマス」から「冬」が共通点となります。小学校入試で、このような季節を問う問題は「３～５月」を春、「６～８月」を夏、「９～11月」を秋、「12～２月」を冬と考えます。行事、花、旬の野菜などの季節を問われることは多いので、参考にしてください。

【おすすめ問題集】
Ｊｒ・ウォッチャー11「いろいろな仲間」

問題19　分野：推理（系列）

観察　考え

〈準備〉　鉛筆

〈問題〉　空いている四角に入る絵を下の四角から選んで、その四角に書かれた印と同じ印をつけてください。

〈時間〉　各30秒

〈解答〉　下図参照

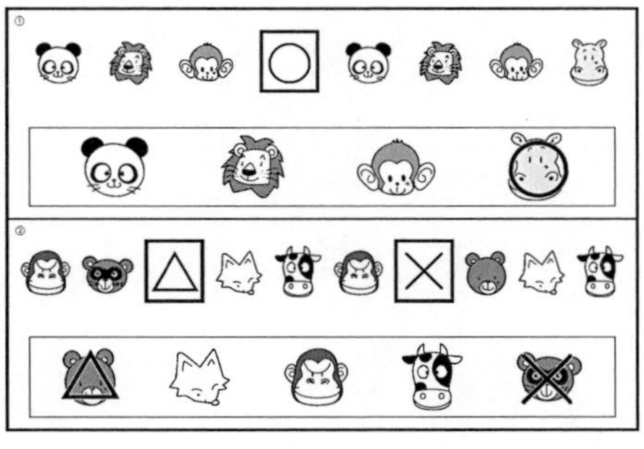

［2018年度出題］

学習のポイント

並び方の「お約束」を見つける系列の問題です。「○、△、□…の順番で並んでいるから」というように、答えを選んだ理由を説明できるようになれば、この問題を理解できていると言えるでしょう。解き方のハウツーとしては、同じ記号や絵を探してそれぞれ別の指で押さえ、その指の間隔を保ったまま、隣にずらしていき、空欄になっている部分まで移動した時、もう一方の指が押さえている絵柄を見るという方法があります。しかし、こうしたハウツーを最初から教えても、お子さまの学力向上には役立ちません。パターン（お約束）を発見できるだけの観察力や思考力を養うことを目的に、その場面に応じたヒントを与えながら、お子さま自身に十分に考えさせてください。この種の問題に慣れていないうちは、回答時間を気にせずに取り組み、系列のパターン（お約束）を見つけることに慣れてきたら、それぞれの問題の解答時間内に答えられるだけのスピードを意識しながら、類題に取り組んでください。

【おすすめ問題集】

Ｊｒ・ウォッチャー６「系列」、31「推理思考」

問題20　分野：言語（頭音つなぎ）

語彙　集中

〈準 備〉　鉛筆

〈問 題〉　左の四角の絵の、最初の音をつなぐとできる言葉を、右の絵の四角から選んで、線でつないでください。

〈時 間〉　１分

〈解 答〉　下図参照

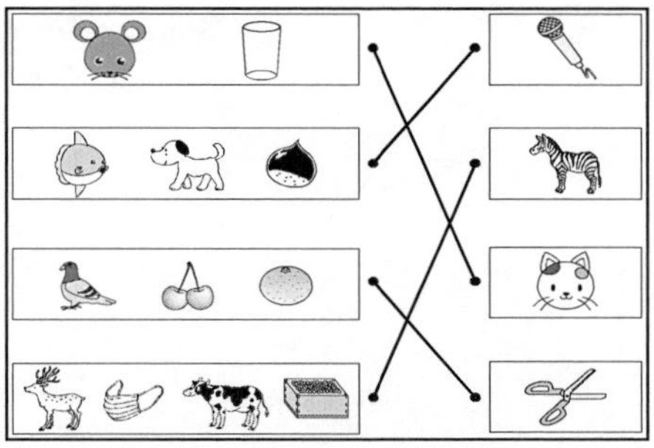

[2018年度出題]

学習のポイント

本問は、左の四角の絵の中にあるものの最初の言葉の音（おん）をつないでできた言葉がどれか、右の絵の四角から選んで結ぶ問題です。例年よく出題されている問題なので、確実に慣れておきましょう。音（おん）というと、一見難しく聞こえますが、いわゆる読み方のことです。本問を解いていくポイントとしては、右の絵をしっかり読むことから始まります。右の絵は上から順にマイク、シマウマ、ネコ、ハサミとなっています。マイクは「マ、イ、ク」の３つの音（おん）からなっているので、答えは左の絵の上から２番目のマンボウ、イヌ、クリの段と結ぶということになります。言葉の音（おん）を理解するには、お子さまが言葉を覚える時に、１音ずつきって、はっきり発音して聞かせるとよいでしょう。

【おすすめ問題集】

Ｊｒ・ウォッチャー17「言葉の音遊び」、60「言葉の音（おん）」

問題21　分野：集団行動

協調　聞く

〈準備〉　トイレットペーパー（20巻程度）をダンボール箱に入れておく

〈問題〉　この問題は絵を参考にしてください。

（５人グループに分かれ）
お手本のように、グループで協力してトイレットペーパーを積んでください。
１番高く積み上げたグループが優勝です。
①グループで相談して、順番に１列に並んでください。
②後ろのダンボール箱から、トイレットペーパーを１つずつ出して、前の人に渡してください。もらった人はさらに前の人に渡しましょう。
③１番前の人は、もらったトイレットペーパーを、お手本の通りに置いて、列の１番後ろに回ってください。１番前の人が後ろに回ったら、ほかの人は列の１つ前に出てください。
④「やめ」というまで続けてください。

〈時間〉　適宜

〈解答〉　省略

［2018年度出題］

学習のポイント

４～５人のグループに分かれて行う集団行動の課題です。グループごとに速さを競うゲーム形式で行われます。指示を聞き、その通りに行動できるかという点と、お友だちと仲良く協調して作業が行えるかという点が観点です。日常の中で、お友だちと遊んでいる時でも、こうした勝敗のあるゲームだと、勝敗にこだわりすぎて、楽しめなくなってしまうお子さまもいるかもしれません。本課題の中でそういう行動をしてしまうと、よい評価は得られないでしょう。トイレットペーパーを高く積んだという結果よりも、グループのお友だちと協力しながら取り組む姿勢が大切だからです。というのも、入学後の学校生活において、ほかのお友だちと協力して取り組む姿勢が大切だからです。

【おすすめ問題集】

Ｊｒ・ウォッチャー29「行動観察」、新ノンペーパーテスト問題集

問題22　分野：図形（点・線図形）

観察　集中

〈準 備〉　鉛筆

〈問 題〉　左の絵を右に書き写してください。

〈時 間〉　１分

〈解 答〉　省略

［2017年度出題］

学習のポイント

図形の問題は、小学校入試において頻出分野の１つです。描いてあるものを正確に認識しているかが評価されます。本問は左の見本と同じ図形を書き写す問題なので、当校を受験するお子さまにとっては、難しくないものでしょう。本問のような点・線図形の問題が出題されたら、確実に書けるようにしておいてください。もし、お子さまが本問につまずいてしまうようなら、「上から下へ」や「左から右へ」というようにあらかじめ、自分で線を引くルールを決めておくようにアドバイスしましょう。線をどこからどこまで引けばよいのか、目安が付きやすくなります。

【おすすめ問題集】

Ｊｒ・ウォッチャー１「点・線図形」、２「座標」、51「運筆①」、52「運筆②」

問題23　分野：数量（計数・選んで数える）

考え

〈準 備〉　鉛筆

〈問 題〉　（問題23の絵を渡して）
絵の中から「○」と「△」のカードを数え、下のそれぞれのカードの右側に、その数だけ○を書いてください。

〈時 間〉　１分

〈解 答〉　○：○を５　△：○を５

［2017年度出題］

学習のポイント

計数の問題は当校で例年よく出題されている問題です。10以上の数を扱うことも多いので、余裕を持って20くらいまでの数を把握しておきましょう。「数を把握する」というのは、おはじきなどの具体物を使わなくても、数を増やしたり、減らしたりが頭の中でできるということです。また、カードの向きにも惑わされないようにしてください。自分でパターン（左から右へのような）を決めて、数え忘れ、重複がないように注意するのもポイントです。本問のような数量の問題を保護者の方が説明をすると、お子さまはかえってわかりづらくなるものです。まずは、おはじき・積み木など、具体物を積極的に使って、お子さまのレベルに合った学習に取り組んでみましょう。

【おすすめ問題集】

Ｊｒ・ウォッチャー14「数える」、37「選んで数える」

問題24　分野：図形（同図形探し）

観察　集中

〈準　備〉　鉛筆

〈問　題〉　左に描いてある形と同じものを右から見つけて、○をつけてください。

〈時　間〉　各15秒

〈解　答〉　①左端　②右から２番目　③右端　④右から２番目

［2017年度出題］

学習のポイント

同じ図形を選択肢の中から見つけるには、まず見本となる図形のユニークな部分を把握します。例えば①なら、「右上に●がある形」というように、単純に目立つ部分で構いません。次に「その特徴だけ」をほかの選択肢と比較します。それでも答えが出ない時は、違う特徴で、まだ候補に残っている選択肢だけを照合していくという繰り返しになります。こういった問題はそれほど解答時間がないので、のんびりと見本と選択肢の形を見比べている時間はありません。図形を把握する「観察力」を鍛えて、正確にしかも時間内に答えられるようにしましょう。

【おすすめ問題集】

Ｊｒ・ウォッチャー４「同図形探し」

問題25　分野：記憶（お話の記憶）

聞く　集中

〈準　備〉　鉛筆

〈問　題〉　お話をよく聞いて後の質問に答えてください。（問題25の絵は伏せておく）

昨日までの雨がうそのような、雲ひとつない晴れのお天気です。ミサさんは、晴れてよかったなと思いました。今日、ミサさんは、お父さんとお母さんの３人で海水浴に行くことになっていたのです。海に着くと、たくさんの人が楽しそうに遊んでいます。「私たちも早く海に入ろうよ」ミサさんはさっそく水玉模様の水着に着替えました。お父さんは縦のしましま模様の海水パンツ、お母さんは星の模様の水着です。はじめに、ミサさんは砂浜で、お父さんとビーチボールで遊びました。次に、ミサさんはお母さんと一緒に海に入りました。海水が冷たくて気持ちよく、ミサさんは浮き輪を使って、お母さんとどちらが浜まで早く着くか競争しました。海からあがると、たくさん運動をしたので疲れたミサさんは砂浜で少し休憩することにしました。ミサさんとお父さんはかき氷、お母さんはソフトクリームを食べました。「冷たくておいしいね」とミサさんは言いました。よく見ると、砂浜にはきれいな貝殻がたくさん落ちています。ミサさんが見とれていると、目の前を小さいカニが通りすぎて行きました。ミサさんは後できれいな貝殻を拾って、おみやげにしようと思いました。

（では、プリントを表にしてください）
①昨日はどんなお天気でしたか。左側の１番上の段から選んで○をつけてください。
②ミサさんはどんな模様の水着を着ていましたか。左側の２段目から選んで○をつけてください。
③お父さんはどんな模様の海水パンツをはいていましたか。左側の３段目から選んで○をつけてください。
④お話に出てこなかったものを右側の上の段から選んで○をつけてください
⑤お話の中で誰も食べなかったものを、右側の下の段から選んで○をつけてください。

〈時　間〉　各20秒

〈解　答〉　①右から２番目（雨）　②左から２番目（水玉模様）
③右端（縦のしましま模様）　④スコップ、ヒトデ、バケツ
⑤ドーナツ、ホットドッグ、ハンバーガー

［2017年度出題］

学習のポイント

お話の長さはそれほど長くはありませんが、登場人物が履いていた水着の柄や、食べたものが何だったか、細かなところまで聞かれています。そういった内容まで記憶しておく必要があるということでしょう。特に④⑤では、お話に「登場しなかった」ものを聞かれています。記憶があいまいだとこういった問題には、答えられません。「誰が」「誰に」「何を」「どうやって」といった点はお話の流れを左右するので注意して聞くようにしましょう。また、「ビーチボール」「うきわ」「スイカ」などと登場するものを１つずつ覚えるよりは、それを使ったり、食べた人を含めてイメージした方が覚えやすくなります。「ビーチボールで遊んでいるミサさん」をイメージするのです。場面をイメージすれば、話の流れも把握しやすくなるはずです。

【おすすめ問題集】
１話５分の読み聞かせお話集①・②、１話７分の読み聞かせお話集入試実践編①
お話の記憶 初級編・中級編・上級編、Ｊｒ・ウォッチャー19「お話の記憶」

問題26　分野：図形（点・線図形）

観察　集中

〈準　備〉　鉛筆

〈問　題〉　左のお手本を見て、同じように点と点を線で結んでください。

〈時　間〉　１分

〈解　答〉　省略

［2016年度出題］

学習のポイント

当校で出題頻度の高い「点つなぎ」の問題です。ポイントとなるのは、どの点から書き始めるかです。最初の点の位置を間違えるてしまうと、線がはみだしてしまい、形は合っているものの、位置が違うということになりかねません。「左から何番目の、上から何段目」というように座標を指で確認しながら、慎重に始点を見定めてください。始点が定まったら、その“点”を中心に見本を見ながら、進めてください。慣れないうちは、いきなり線を引くのではなく、結びたい点の間を指先でなぞったり、筆記具の先を何度か往復させたりしてから書くとよいでしょう。

【おすすめ問題集】

Ｊｒ・ウォッチャー１「点・線図形」、２「座標」、51「運筆①」、52「運筆②」

問題27　分野：数量（積み木・比較）

観察

〈準　備〉　鉛筆

〈問　題〉　左と右の積み木の数を比べ、多い方に○をつけてください。

〈時　間〉　１分

〈解　答〉　①右　②左　③左　④左　⑤左　⑥右　⑦左　⑧右

［2016年度出題］

学習のポイント

小学校受験では、10までの数が把握できれば充分と言われていますが、当校の入試では、20までの数を問われることもあります。簡単なたし算・ひき算を含めて、20ぐらいまでの数は理解できるようにしましょう。本問のように、立体図形を数える場合、隠れてしまった立体図形を数えることができるかがポイントとなります。隠れてしまった図形とは、２段目に積み上がっている立体図形の下に存在している、見えていない図形のことです。日頃から積み木遊びに親しんでいれば、無意識のうちに理解できるでしょうが、そうでない場合、やはりお子さまには口頭説明だけでは理解が難しいかもしれません。実際に積み木を使ってお子さまが目で見て確認させると確実に理解できます。

【おすすめ問題集】

Ｊｒ・ウォッチャー14「数える」、15「比較」、16「積み木」、58「比較②」

問題28　分野：図形（同図形さがし）　観察

〈準　備〉　鉛筆

〈問　題〉　左に描いてある形と同じものを右から探して、○をつけてください。

〈時　間〉　30秒

〈解　答〉　①右から２番目　②左から２番目　③右端　④左端

［2016年度出題］

学習のポイント

見本と同じもの（違うもの）を探す「図形」の問題では、集中力、観察力が要求されます。このうち「観察力」は、対象をよく観て、その対象の特徴を見つけるためのものです。机に向かって問題とにらめっこしながら行うのも、その力を身に付ける１つの手段ですが、日常でもその機会はあります。「風景をスケッチする」「テーブルに置いてあるものを模写する」など、観察しならがら絵を描くといった作業はその代表的なものでしょう。絵を描く必要はないのですが、観察の基本的な方法だけは身に付けておいてください。まず、全体を把握すること、そして特徴的な部分を見つけ出すことです。

【おすすめ問題集】

Ｊｒ・ウォッチャー４「同図形探し」

問題29　分野：お話の記憶

聞く　集中

〈準備〉　鉛筆

〈問題〉　この問題は絵を縦に使用してください。
お話をよく聞いて、後の質問に答えてください。

今日は、たろう君のお姉ちゃんが通う小学校の、運動会の日です。たろう君も、お父さん、お母さんと一緒に応援に行きます。お弁当と水筒を入れた大きなバッグは、お父さんが持ちました。お母さんは、カメラの入ったバッグを持ちました。たろう君は、タオルの入ったバッグを持って行きます。小学校に着いてみると、人がたくさんいて、いろいろな旗やのぼりで飾り付けがしてあって、とてもにぎやかでした。さあ、いよいよ運動会の始まりです。お姉ちゃんは最初に、かけっこに出ます。お姉ちゃんは、翼のマークのついた靴を履いていて、とても速そうです。「よーい、ドン」勢いよく飛び出したお姉さんははじめ、１番前を走っていました。けれど、途中で追い抜かれて２番になってしまいました。お父さんが、「お姉ちゃんも速かったけど、１番になったあの子も速かったねえ」と言いました。お姉ちゃんは、ちょっぴり悔しそうです。お姉ちゃんは次に、玉入れに出ます。「よーい、はじめ」たくさんの赤い玉と白い玉が飛び交います。お姉ちゃんも３つ、玉を入れました。「そこまで」かごの中の玉をかぞえてみると…お姉ちゃんのいる白組は30個、紅組は28個でした。白組の勝ちです。お姉ちゃんもとてもうれしそうです。ここで、お楽しみのお弁当の時間です。お姉ちゃんは大きなおにぎりを２つと玉子焼き、唐揚げを食べて、それからデザートのカキも食べて、元気もりもりです。たろう君もたくさん食べて、大きな声で白組を応援します。最後にリレーがあります。お姉ちゃんも、白組の２番手で出ます。「よーい、ドン」１番手の男の子がスタートしました。運動場を半分回って先にやって来たのは、赤組の男の子でした。赤組の２番手は、さっきかけっこでお姉ちゃんを追い抜いた女の子です。速い、速い。少し遅れて白いバトンを受け取ったお姉ちゃんも、すごいスピードです。お姉ちゃんは走りに走って、ついに赤組の女の子に追いつき、そしてそのまま抜き去りました。「すごーい」と、周りの人たちが言うのを聞いて、たろう君はなんだかとてもうれしくなりました。お父さんもお母さんも、うれしそうです。たろう君は、「きっといつか、ぼくもこの小学校で、運動会のリレー選手になるぞ」と思いました。

①１番上の段を見てください。この中から、たろう君のバッグに入っていたものを探して、○をつけてください。
②上から２番目の段を見てください。この中から、たろう君のお姉ちゃんの靴を探して、○をつけてください。
③上から３番目の段を見てください。玉入れで、たろう君のお姉ちゃんが入れた玉の数と同じものに、○をつけてください。
④１番下の段を見てください。この中で、お弁当の中にあった果物に、○をつけてください。

〈時間〉　各15秒

〈解答〉　①左から２番目（タオル）　②右から２番目　③右から２番目
④右端（カキ）

［2016年度出題］

学習のポイント

最近は出題されませんが、出題されるとすればお話は文字数にして500～600字程度という形です。質問数は4～5問で、お話の流れに沿った質問が中心になっています。お話と関係のない質問で聞かれるとすれば、ものの色や数といった基本的なことで、お話をきちんと聞いていれば答えられるでしょう。特別な対策が必要なものではありません。内容はさまざまで、同年代のお子さまの日常の話もあれば、ファンタジーに近いものもあります。それほど複雑なストーリーのものはないので素直に聞いて、その後の質問に答えてください。「誰が」「何を」「どのように」といった点に注意してお話を聞けば、充分に対応できるはずです。

【おすすめ問題集】

1話5分の読み聞かせお話集①②、1話7分の読み聞かせお話集入試実践編①、お話の記憶 初級編・中級編・上級編、Jr・ウォッチャー19「お話の記憶」

問題30 分野：系列

観察 考え

〈準備〉 鉛筆

〈問題〉 それぞれの段の上を見てください。並んでいるお約束を考え、空いているところに入るものを下から選び、○をつけてください。

〈時間〉 各30秒

〈解答〉 ①左から2番目　②左端

［2015年度出題］

学習のポイント

「系列」分野の問題は、まず、どういう法則で並んでいるのかを考えましょう。お子さまがこの種の問題を苦手とするようであれば、白い紙に同じ図形（円など）を一直線に並べたものを3色程度で塗り、お約束を見つけることからはじめてください。ハウツーとしての解き方は、同じ記号や絵を探してそれぞれ別の指で押さえ、その指の間隔を保ったまま、隣にずらしていき、空欄になっている部分まで移動した時、もう一方の指が押さえている絵柄を見るという方法があります。しかし、こうしたハウツーを最初から教えても、お子さまの学力向上には役立ちません。お約束を発見できるだけの観察力や思考力を養うことを目的に、その場面に応じたヒントを与えながら、お子さま自身に十分に考えさせてください。

【おすすめ問題集】

Jr・ウォッチャー6「系列」、31「推理思考」

学習効果を上げるため、前掲の「家庭学習ガイド」をお読みになり、各校が実施する入試の出題傾向をよく把握した上で問題に取り組んでください。
※冒頭の「本書ご使用方法」「ご使用にあたっての注意点」も併せてご覧ください。

〈愛知教育大学附属岡崎小学校〉

2020年度の最新問題

問題31　分野：記憶（お話の記憶）

聞く　集中

〈準 備〉　鉛筆

〈問 題〉　これから読むお話をよく聞いて、後の質問に答えてください。

あかねさんの家族は、お父さん、お母さん、妹の４人です。今日は、家族で遊園地に行くことにしました。遊園地は、隣の駅にあるので電車とバスで行きました。最初に、メリーゴーランドに乗りました。次に観覧車に乗りました。いつもあかねさんが通っている幼稚園も見えました。まるで小さなおもちゃの町を見ているようでした。それから、おさるの汽車に乗りました。最後に、お父さんとあかねさんは、ジェットコースターに乗りました。ジェットコースターが、空に向かってどんどんのぼっていく時、とてもハラハラ、ドキドキしました。そして、みんなでソフトクリームを食べました。出口で、ピエロさんが、子どもたちに風船を配っていました。あかねさんは、赤い風船をもらい、妹はピンクの風船をもらって帰りました。

①遊園地には、何と何で行きましたか。１番上の段の絵から選んで○をつけてください。
②あかねさんが２番目に乗ったものは何ですか。上から２段目の絵の絵から選んで○をつけてください。
③みんなで食べたものは何ですか。上から３段目の絵の絵から選んで○をつけてください。
④あかねさんは遊園地でいくつ乗り物に乗りましたか。１番下の四角の中に、その数だけ○を書いてください。

〈時 間〉　①②③各10秒　④20秒

〈解 答〉　①左から２番目（バス）と右から２番目（電車）
②左から３番目（観覧車）
③右から２番目（ソフトクリーム）
④○：４

［2020年度出題］

学習のポイント

お話は短めですが、その内容を見ると、覚えることが多く、混乱してしまうかもしれません。記憶の問題では、一度混乱してしまうと、立て直すことが難しいものです。まして、入試の場では、緊張感からふだん以上に混乱することも考えられます。本問のように、覚えることが多く混乱しそうな場合は、１つひとつを覚えていくのではなく、話の内容を流れとして覚えていくことをおすすめします。またお話の記憶は、体験の有無によっても覚えやすさが変わります。遊園地で楽しい想い出のある子どもは、その時の様子になぞらえて記憶させることができるでしょう。基本となる読み聞かせの取り組みと同時に、さまざまな体験も積むようにしましょう。

【おすすめ問題集】
１話５分の読み聞かせお話集①②、１話７分の読み聞かせお話集入試実践編①、
お話の記憶 初級編・中級編・上級編、Ｊｒ・ウォッチャー19「お話の記憶」

問題32　分野：運動

聞く　集中

〈準備〉　リンゴのオモチャ（または代用品）、平均台（ガムテープ等を床に貼ることで代用）、ボール（テニスボール～ソフトボール程度の大きさの物）
予め、問題32－２の絵を壁などに貼り、そこから２ｍ離れたところの床にガムテープ等で線を引いておく。

〈問題〉　この問題は問題32-1の絵を参考にしてください。
平均台のところまで走って行き、置いてあるリンゴを持って平均台を渡ってください。端まで行ったらジャンプして飛び降り、リンゴをカゴに入れてください。次に、バケツの中からボールを取って線の手前まで行き、壁に貼ってあるライオンの絵を狙ってボールを投げてください。１回投げたらボールを拾い、バケツの中に戻してください。

〈時間〉　適宜

〈解答〉　省略

［2020年度出題］

学習のポイント

本問は一見複雑そうに思えますが、平均台渡りやボール投げ、ジャンプなど、１つひとつは決して難しくない動作の組み合わせです。テスターの指示をしっかりと聞いていれば問題はないでしょう。というのも、運動テストで学校側が見ているのは、その動作ができるかどうかよりも、指示をよく聞いて一生懸命に取り組んでいるかどうかです。また、本課題はグループに分かれて行われましたが、自分の順番を待っている時の姿勢なども評価の対象になっています。ご家庭で入試さながらの練習をするのは難しいでしょうが、大切なのは人の話をきちんと聞くこと、まじめに取り組むことです。お手伝いなどで一生懸命取り組む姿勢や人の話をきちんと聞くことを身に付けていきましょう。

【おすすめ問題集】
新運動テスト問題集、Ｊｒ・ウォッチャー28「運動」

問題33　分野：制作（課題画）　創造

〈準備〉　クレヨン、画用紙
※あらかじめ、画用紙に問題33の絵を参考にして、図形をクレヨンで描いておく。

〈問題〉　**この問題は絵を参考にしてください。**
（画用紙を渡して）
画用紙に描いてある形を使って絵を描いてください。
（絵を描いた後で）
・「これは何ですか」
・「なぜこの絵を描いたのですか」
などの質問を試験官が行なう。

〈時間〉　10分

〈解答〉　省略

［2020年度出題］

学習のポイント

図形が描いてある画用紙に自分で絵を加えていくという制作の問題です。絵を描いた後に質問がありますが、特に変わったことを言う必要はありません。相手にわかるように、具体的に答えられればよいでしょう。こういった質問では、本人の情操面や性格を分析しようというのではなく、コミュニケーションがスムーズに取れるかどうかを観点としていますから、「余計なことを言わないように」とだけ指導するほうがむしろ良いかもしれません。こういったポイントをお子さまが理解する必要はありませんが、保護者の方は少し意識しておくと指導する際に役立ちます。

【おすすめ問題集】
実践 ゆびさきトレーニング①②③、新口頭試問・個別テスト問題集、
Ｊｒ・ウォッチャー22「想像画」、24「絵画」、29「行動観察」

問題34　分野：常識（日常生活・マナー）

公衆　知識

〈準備〉　鉛筆

〈問題〉　ワンダは、とっても気弱なイヌの男の子です。今日は、お母さんとスーパーマーケットに来ています。そこでは、何人かしてはいけないことをしている子どもがいました。
（問題34の絵を見せて）
これはスーパーマーケットの絵です。この中で、してはいけないことをしている子に○をつけてください。

〈時間〉　30秒

〈解答〉　下図参照

［2020年度出題］

学習のポイント

イヌの視点ですが、中味は生活常識やマナーについての一般的な問題です。「スーパーでしてはいけないこと」というのはモラルというより、生活体験の量に左右されるもの、経験していないとわからないことなので、ここでは保護者とともに行動しているか、コミュニケーションをとっているかを観点にしているとも言えます。具体的に言えば、保護者の方が「こんなことをしてはダメ」ときちんとお子さまを叱るなり、指導しているかをこの問題の答えで判断しているのです。また、学校側から言うと、「その程度の常識がないと、これからの学校生活が不安になる」という意味合いもあります。意外と間違えてはいけない問題でしょう。

【おすすめ問題集】
Ｊｒ・ウォッチャー12「日常生活」、56「マナーとルール」

2019年度以前の過去問題

問題35 分野：お話の記憶

聞く 集中

〈準 備〉 鉛筆

〈問 題〉 この問題の絵は縦に使用してください。
お話をよく聞いて、後の質問に答えてください。
今日はネズミさんの誕生日です。トラくんとカエルさんとウサギくんは、ネズミさんへのプレゼントを持って、ヒマワリがたくさん咲いている公園に集まり、3人で一緒にネズミさんの家へ向かう約束をしていました。集まってみると、トラくんはお人形、カエルさんは手作りのケーキを持ってきましたが、ウサギくんは何も持って来ていませんでした。ウサギくんが「このヒマワリを採って、髪飾りをつくってあげるんだよ」と言ったので、カエルさんは「公園のヒマワリを勝手に摘むのはよくないよ」と教えました。ウサギくんはネズミさんにプレゼントをあげられないので、困って悲しそうな顔をしていると、トラくんが「ウサギくんの家へ行く途中におもちゃ屋があるから、そこで何か買えばいいよ」とアドバイスしてくれたので、みんなでウサギくんのネズミさんへのプレゼントを選ぶことにしました。トラくんが「だから、ウサギさん、くよくよしないで歌でも歌って元気だそうよ」と言って、3人で「おむすびころりん」の歌を歌いながら、ネズミさんの家へ向かいました。
①1番上の段を見てください。このお話と同じ季節のものを選び、その絵に○をつけてください。
②上から2段目を見てください。3人がプレゼントを持って集まったのは何がたくさん咲いている公園ですか。正しいと思う絵に○をつけてください。
③真ん中の段を見てください。トラくんが持ってきたものの絵を選び、○をつけてください。
④下から2段目を見てください。プレゼントを持って来ていなかったのは誰ですか。選んで○をつけてください。
⑤1番下の段を見てください。トラくんとカエルさんとウサギくんは、何の歌を歌いながらウサギさんの家に向かいましたか。正しいと思う絵に○をつけてください。

〈時 間〉 各20秒

〈解 答〉 ①左端（スイカ） ②左から2番目（ヒマワリ） ③左端（人形）
④右端（ウサギくん） ⑤左から2番目（おむすび）

［2019年度出題］

学習のポイント

お話の長さは400字程度と、ほかの学校と比べると、それほど長くありません。登場人物は本問のように擬人化された生きものがよく出てきますが、私たちと同じような暮らしをしている設定なので、イメージしにくいということはないでしょう。当校のお話の記憶の設問では、お話の内容を問われることは、もちろんですが、お話の中の季節を問うこともあります。お話に出てくる花や食べものの季節はいつだったか、イメージしながらお話を聞くとよいでしょう。例えば、お話の中で、ヒマワリが咲いているので、夏だとわかりますが、暑そうだね、と一言添えれば、お子さまは季節感をイメージすることができます。また、お話の途中で質問したりして、どれだけ理解しているのか整理しながら取り組むことも大事でしょう。これを繰り返すうちにお話のポイントが自然と押さえられるようになるでしょう。

【おすすめ問題集】
1話5分の読み聞かせお話集①②、1話7分の読み聞かせお話集入試実践編①、
お話の記憶 初級編・中級編・上級編、Jr・ウォッチャー19「お話の記憶」

問題36　分野：お話の記憶

聞く　集中

〈準 備〉　鉛筆

〈問 題〉　**この問題の絵は縦に使用してください。**
これからするお話をよく聞いて、後の質問に答えてください。
今日はとてもよい天気だったので、けんじ君と妹のみほちゃんはいろは公園へ遊びに行きました。いろは公園にはきれいなコスモスの花がたくさん咲いていました。公園に着いたけんじ君とみほちゃんは、まず砂場で大きな山とトンネルを作って遊びました。次に、みほちゃんが１番好きなシーソーに乗って遊びました。シーソーで遊んだ後は、滑り台で遊びました。けんじ君とみほちゃんは体をいっぱい動かしたので、少しおなかが空きました。２人は手を洗ってベンチに座り、そこでけんじ君がポケットに入れておいたアメを食べました。その後に、ブランコで遊びました。夕方になると、おばあさんがネコのミャーを抱えてけんじ君とみほちゃんを迎えにきました。たくさん遊んだ２人は、とてもおなかが空いたので、おばあさんとミャーと一緒にお家へ帰ることにしました。

①１番上の段を見てください。このお話と同じ季節の絵を選び、○をつけてください。
②上から２段目を見てください。みほちゃんが１番好きなものを選び、○をつけてください。
③真ん中の段を見てください。けんじ君とみほちゃんが３番目に遊んだ場所を選び、○をつけてください。
④下から２段目を見てください。ベンチに座って２人が食べたものを選び、○をつけてください。
⑤１番下の段を見てください。おばあさんが連れてきた動物を選び、○をつけてください。

〈時 間〉　各20秒

〈解 答〉　①右から２番目（秋：ジャックランタン）　②左端（シーソー）
③左から２番目（滑り台）　④左端（アメ）　⑤左端（ネコ）

［2019年度出題］

学習のポイント

お話の記憶の問題は、当校で例年出題されている問題の１つです。確実に聞き取れるようにしっかり練習してください。お話の内容は、お子さまでも経験がありそうな、日常生活で繰り広げられるものが多いです。設問の特徴としては、お話の季節が問われることが多いことでしょう。本問の場合、コスモスというキーワードから季節は「秋」となります。お子さまが季節に関する知識を増やすなら、ペーパー問題に取り組んだ後に、季節ごとに花・植物など覚えたものを整理するとよいでしょう。また、毎日の生活の中で、季節を感じ取れる体験をさせましょう。具体的に言うならば、海開きが行われれば、海へ泳ぎに行くというように、季節を通して、その季節らしい体験をすることで、季節に対する感覚を養うことです。

【おすすめ問題集】
１話５分の読み聞かせお話集①②、１話７分の読み聞かせお話集入試実践編①、お話の記憶 初級編・中級編・上級編、Ｊｒ・ウォッチャー19「お話の記憶」

問題37　分野：常識

観察　公衆　話す

〈準備〉　鉛筆

〈問題〉　この中から、よくないことをしている子を見つけて、鉛筆で○をつけてください。また、なぜその子のしていることがよくないのか、理由も教えてください。

〈時間〉　30秒

〈解答〉　イヌをいじめている子、花壇の花を摘んでいる子、塀に落書きをしている子
※各理由は省略

［2019年度出題］

学習のポイント

常識分野の問題は例年出題されています。本問ではマナーが問われています。マナーやあいさつのような社会常識は試験前に詰め込んでも、あまり身に付きません。保護者の方は日頃から社会のマナーをお子さまに意識させることで、そのマナーを自然に身に付けさせる必要があります。お子さまがマナーを身に付ける際に、なぜそれがいけないのか、しっかりとお子さまに説明できるようにしましょう。例えば、本問の場合、花壇の花を積んでいる子がいますが、お子さまが同じ行動をした場合に、「お花が可愛そうでしょ」というような抽象的な説明ではなく、公共の場所のものを勝手に取ったらいけないということをきちんと説明できるようにしましょう。

【おすすめ問題集】
　Ｊｒ・ウォッチャー12「日常生活」、56「マナーとルール」

問題38　分野：行動観察

協調

〈準備〉　棒の先にマグネットがついた物（「釣竿」として使用）、クレパス、クリップをテーブルの上に置いておく。（「釣竿」、クレパスはグループに２セット、クリップは１人２個ずつ用意すること）
※予め問題38の絵を切り取っておく（人数にあわせて複製する）

〈問題〉　（４～６人のグループで行う）魚釣りゲームをします。最初にゲームに必要なものを誰が持ってくるか相談しましょう。次に海の生きものをそれぞれ２匹ずつもらって、クレパスで好きな色で塗りましょう。色を塗ったら、口のところにクリップを付けてください。釣竿は２本あります。それを使って今作った生きものを釣って遊びましょう。

〈時間〉　適宜

〈解答〉　省略

［2018年度出題］

学習のポイント

課題の途中で、テスターが「順番、代わってあげてるかな」「多く釣った人は少ない人にわけてあげてください」「海に逃してあげましょう」などの声をかけます。このような指示に対して、ほかのお友だちへの気配りができているか観られていると思ってください。本問では、人数分の釣り竿やクレパスは用意されていません。つまり、ほかのお友だちが作業をしている時には、待たなければなりません。ほかのお友だちと相談して、先に自分が使うのか、それとも譲っているのかというところに評価が分けられるのです。ですので、自分ばかり優先して、クレパスや釣り竿を人に譲らなかったりすることがないように、日常生活において、ほかの人に気を配ることを自然に身に付けられるように、家庭内でのコミュニケーションやお友だちとの遊びの時間を大切にしてください。

【おすすめ問題集】

Ｊｒ・ウォッチャー23「切る・貼る・塗る」、29「行動観察」
実践 ゆびさきトレーニング①②③

問題39　分野：行動観察・巧緻性　協調

〈準備〉　お皿２枚、箸（塗り箸）一膳、ダイズ５粒、テーブル
あらかじめ一方のお皿に大豆を置いておく。
（この問題は集団で、４人１組のチーム別れて実施されました）

〈問題〉　この問題の絵はありません。
今から豆つまみ競争をします。
テーブルの上に、お皿が２枚とお箸が置いてあります。片方のお皿には豆が５粒置かれていますね。これから、豆をお箸でつまんで、空いているお皿の中に豆を１粒ずつ移してください。終わったら次の人にタッチして、列の１番後ろに並んで三角座りをして待ちましょう。途中で、豆を落としてしまったら、指で拾って元のお皿に戻してください。空いている方のお皿に置いてはいけません。

〈時間〉　適宜

〈解答〉　省略

［2018年度出題］

学習のポイント

塗り箸でダイズをつまむ作業は、箸使いがきちんとしていないと上手くできません。入試で観察される点ですから、もちろん日頃から正しい箸の持ち方を身に付けておくことが大切です。しかし、いちばん大切とされるポイントは、指示を正確に聞くところです。塗り箸で大豆をつかむという作業は、お子さまにとってはかなり難しいでしょう。つまり、失敗して当然であると思っても、間違いではありません。というのも、行動観察の課題のほどんとは、結果を主に観ていることはありません。失敗した後にどれだけ指示通り動けるのか、そこがこの課題の観点です。途中でダイズを落とした場合が、細かく指示がされているのは、その点を観ていますよという意味だと思ってもいいでしょう。

【おすすめ問題集】

Ｊｒ・ウォッチャー25「生活巧緻性」、実践 ゆびさきトレーニング①②③

問題40　分野：記憶（お話の記憶）

聞く　集中

〈準　備〉　色鉛筆（赤・青）

〈問　題〉　これからするお話をよく聞いて、後の質問に答えてください。
（お話が終わってから絵を渡してください）

赤とんぼの赤助と小学生カナちゃんは仲のよいお友だちです。野原を散歩したり、おにごっこをしたり、本を読んだり毎日いろいろなことをして遊んでいます。でも今日は赤助もカナちゃんもさみしい気持ちでいっぱいです。なぜなら赤助とカナちゃんはしばらくお別れをしなければいけないからです。「また秋になったら帰ってくるから待っててね」と赤助は言いました。「うん、赤助が帰ってきたら、またおにごっこしようね。次に会った時、最初にどっちがおにになるかジャンケンで決めておこうよ」「ようし、負けないよ。ジャンケンポン」カナちゃんはグーを出しました。赤助が後だしでパーを出して「やったー、僕の勝ち」と言うと「ずるいよ。赤助、後出しでしょ」カナちゃんはほっぺをふくらませて怒りました。「ごめんね。カナちゃんごめんね」赤助がすぐにあやまったのでカナちゃんはニコッと笑いました。「カナちゃん、秋になったらまた遊ぼうね」と言って赤助は飛んでいってしまいました。カナちゃんはバイバイをして見送りました。カナちゃんはさみしくなりましたが、秋にまた赤助に会えるのがとても楽しみでした。次の秋になりました。赤助は「かなちゃーん」と元気に帰ってきました。カナちゃんはうれしくてニコニコしています。「おかえり赤助。おにごっこしようよ」またジャンケンをしました。カナちゃんはグーを出しました、赤助はまた後出しをしました。ところがチョキを出したので赤助が負けてしまいました。カナちゃんと赤助は「アハハハ」と大きな声で笑いました。それからお友だちみんなを誘っておにごっこをしました。

①（問題40－１の絵を渡して）１回目にジャンケンをした時、カナちゃんはどんな顔をしましたか。上の絵の中から選んで赤色の鉛筆で○をつけてください。
②赤助が秋になって帰って来た時、カナちゃんはどんな顔をしましたか。下の絵の中から選んで赤色の鉛筆で○をつけてください。
③（問題40－２の絵を渡して）絵がお話の順になっているのは、３つの段のうちどれでしょう。正しいものを選んで青色の鉛筆で○をつけてください。

〈時　間〉　各15秒

〈解　答〉　①右から２番目（怒った顔）　②左端（笑った顔）　③真ん中の段

［2018年度出題］

学習のポイント

このお話の記憶の問題は、お話の全体の流れを選ぶ問題があるので、断片的に覚えるのではなく、お話に沿って情報を整理しながら聞く必要があります。また、登場人物の感情を聞く問題（①・②）もあるので、登場人物に感情移入しなくてはなりません。そう言うと難しく聞こえますが、保護者の方が「あなたならどう思う？」とその場面で聞けば、お子さまは感想を言うでしょう。読み聞かせをする際に何度か同じような質問をすれば、お子さまも感情移入しながらお話を聞く習慣が身に付きます。また、そういった姿勢で話を聞けば物語に入り込むことになり、自然と場面を思い浮かべるようにもなります。

【おすすめ問題集】
１話５分の読み聞かせお話集①②、１話７分の読み聞かせお話集入試実践編①、お話の記憶 初級編・中級編・上級編、Ｊｒ・ウォッチャー19「お話の記憶」

愛知教育大学附属名古屋小学校　専用注文書

年　　月　　日

合格のための問題集ベスト・セレクション

＊入試頻出分野ベスト３

1st　図　形
観察力　思考力

2nd　お話の記憶
集中力　聞く力　知　識

3rd　巧　緻　性
聞く力　集中力

ペーパーテストでは、言語、図形、推理など幅広い分野の基礎問題が出題されます。取りこぼしをしないよう各分野の基礎学習を行っておきましょう。

分野	書　名	価格(税抜)	注文	分野	書　名	価格(税抜)	注文
図形	Ｊｒ・ウォッチャー１「点・線図形」	1,500円	冊	図形	Ｊｒ・ウォッチャー45「図形分割」	1,500円	冊
図形	Ｊｒ・ウォッチャー２「座標」	1,500円	冊	常識	Ｊｒ・ウォッチャー55「理科②」	1,500円	冊
図形	Ｊｒ・ウォッチャー４「同図形探し」	1,500円	冊	言語	Ｊｒ・ウォッチャー60「言葉の音（おん）」	1,500円	冊
図形	Ｊｒ・ウォッチャー６「系列」	1,500円	冊		新ノンペーパーテスト問題集	2,600円	冊
数量	Ｊｒ・ウォッチャー14「数える」	1,500円	冊		お話の記憶問題集 初級編	2,600円	冊
記憶	Ｊｒ・ウォッチャー19「お話の記憶」	1,500円	冊		お話の記憶問題集 中級編	2,000円	冊
観察	Ｊｒ・ウォッチャー29「行動観察」	1,500円	冊		お話の記憶問題集 上級編	2,000円	冊
推理	Ｊｒ・ウォッチャー31「推理思考」	1,500円	冊		面接最強マニュアル	2,000円	冊
数量	Ｊｒ・ウォッチャー37「選んで数える」	1,500円	冊		１話５分の読み聞かせお話集①②	1,800円	各　冊
巧緻性	Ｊｒ・ウォッチャー51「運筆①」	1,500円	冊		新 個別テスト・口頭試問問題集	2,500円	冊
巧緻性	Ｊｒ・ウォッチャー52「運筆②」	1,500円	冊		新 運動テスト問題集	2,200円	冊

合計	冊	円

（フリガナ） 氏　名	電　話 ＦＡＸ E-mail	
住 所　〒　　　－		以前にご注文されたことはございますか。 有　・　無

★お近くの書店、または記載の電話・FAX・ホームページにてご注文をお受けしております。
電話：03-5261-8951　FAX：03-5261-8953　代金は書籍合計金額＋送料がかかります。
※なお、落丁・乱丁以外の理由による商品の返品・交換には応じかねます。
★ご記入頂いた個人に関する情報は、当社にて厳重に管理致します。なお、ご購入の商品発送の他に、当社発行の書籍案内、書籍に関する調査に使用させて頂く場合がございますので、予めご了承ください。

日本学習図書株式会社
http://www.nichigaku.jp

愛知教育大学附属岡崎小学校　専用注文書

年　　月　　日

合格のための問題集ベスト・セレクション

＊入試頻出分野ベスト３

1st　お話の記憶

集中力　聞く力　知識

2nd　巧　緻　性

聞く力　集中力

3rd　行動観察

聞く力　協調性

お話の記憶、制作、常識分野の問題が入試では出題されます。マナーなど生活から学ぶことも多く出題されるので、保護者の方は生活の中にお子様の学習の機会を設けるようにしてください。

分野	書　名	価格(税抜)	注文	分野	書　名	価格(税抜)	注文
常識	Ｊｒ・ウォッチャー 12「日常生活」	1,500 円	冊	常識	Ｊｒ・ウォッチャー 56「マナーとルール」	1,500 円	冊
記憶	Ｊｒ・ウォッチャー 19「お話の記憶」	1,500 円	冊		お話の記憶問題集 初級編	2,600 円	冊
巧緻性	Ｊｒ・ウォッチャー 25「生活巧緻性」	1,500 円	冊		お話の記憶問題集 中級編	2,000 円	冊
運動	Ｊｒ・ウォッチャー 28「運動」	1,500 円	冊		お話の記憶問題集 上級編	2,000 円	冊
運動	Ｊｒ・ウォッチャー 29「行動観察」	1,500 円	冊		実践 ゆびさきトレーニング①②③	2,500 円	各　冊
巧緻性	Ｊｒ・ウォッチャー 24「絵画」	1,500 円	冊		１話５分の読み聞かせお話集①②	1,800 円	各　冊
					新 運動テスト問題集		

合計	冊	円

（フリガナ） 氏　名	電　話 ＦＡＸ E-mail
住 所　〒　　　－	以前にご注文されたことはございますか。 有　・　無

★お近くの書店、または記載の電話・FAX・ホームページにてご注文をお受けしております。
電話：03-5261-8951　FAX：03-5261-8953　代金は書籍合計金額＋送料がかかります。
※なお、落丁・乱丁以外の理由による商品の返品・交換には応じかねます。

★ご記入頂いた個人に関する情報は、当社にて厳重に管理致します。なお、ご購入の商品発送の他に、当社発行の書籍案内、書籍に関する調査に使用させて頂く場合がございますので、予めご了承ください。

日本学習図書株式会社
http://www.nichigaku.jp

問題1－1

①

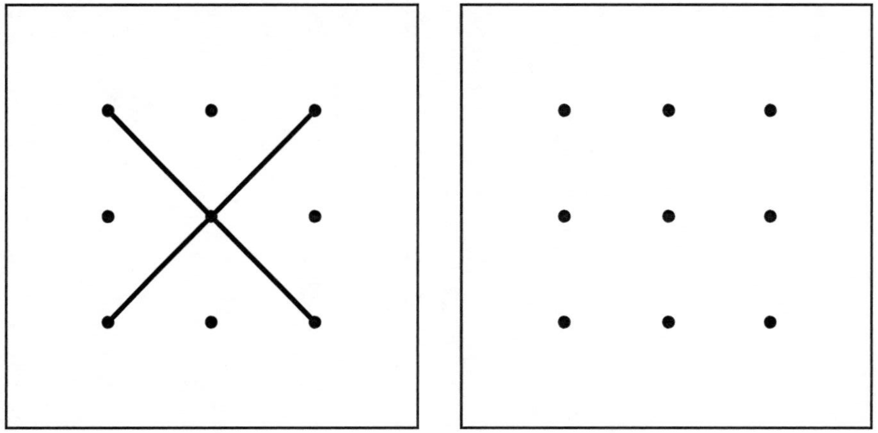

②

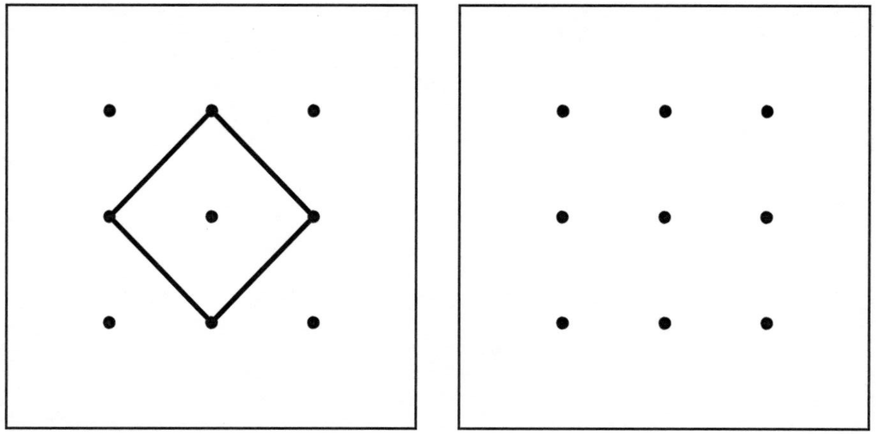

③

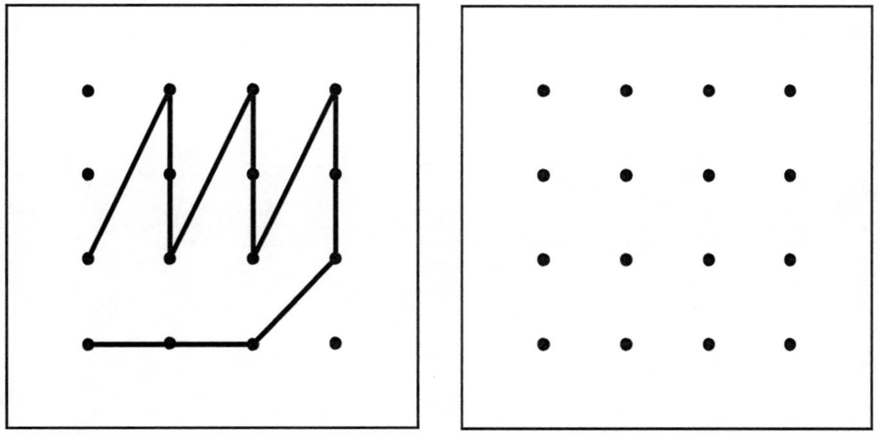

④

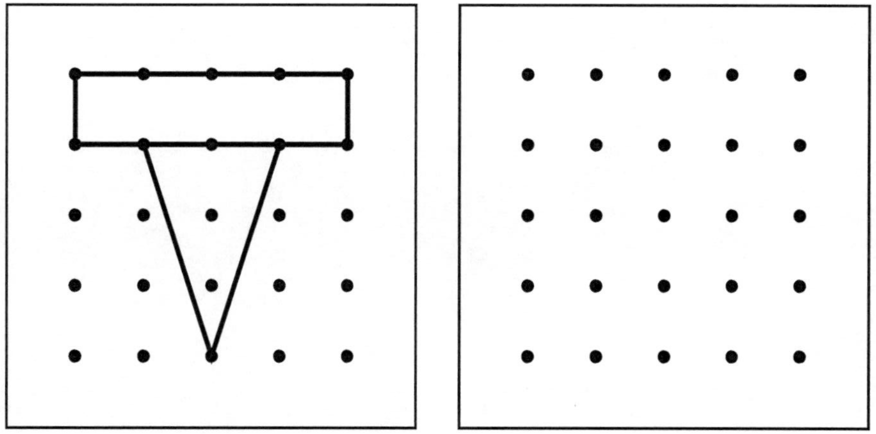

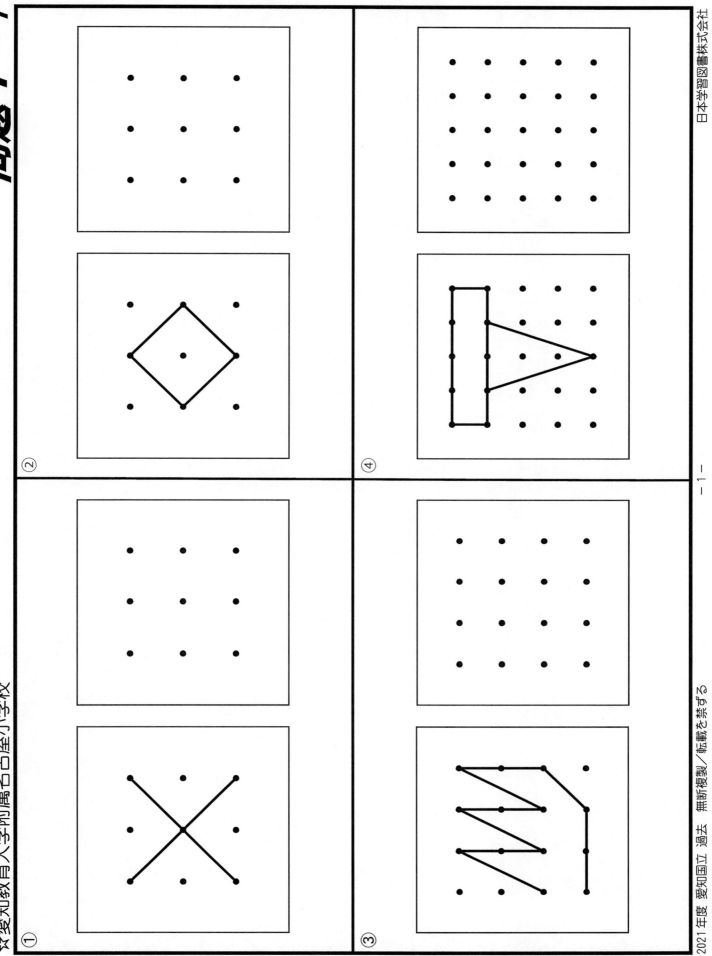

☆愛知教育大学附属名古屋小学校

問題1－2

⑤

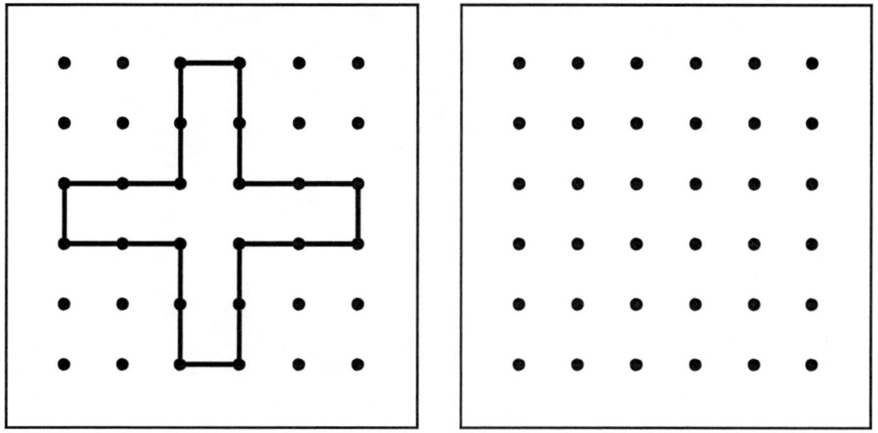

⑥

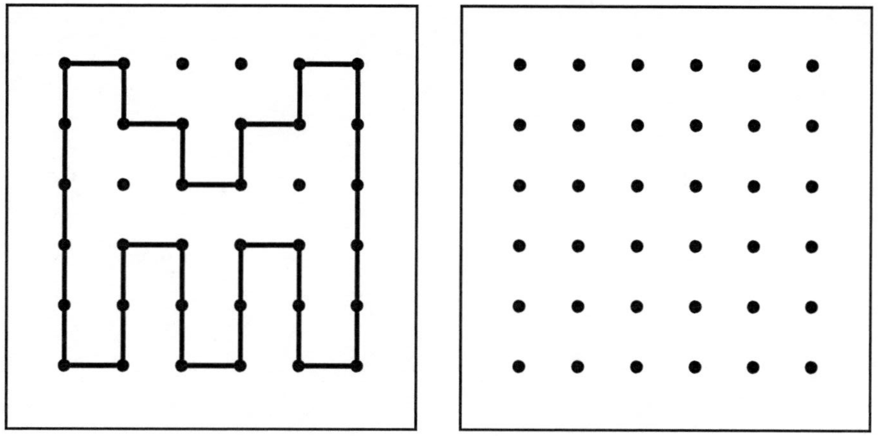

⑦

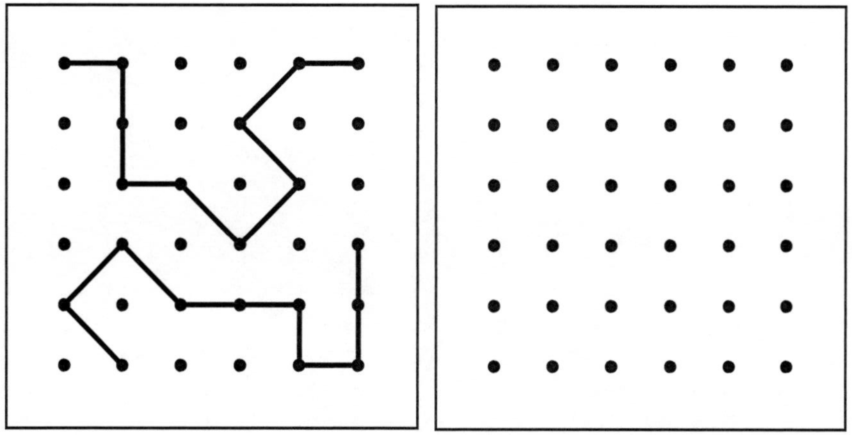

⑧

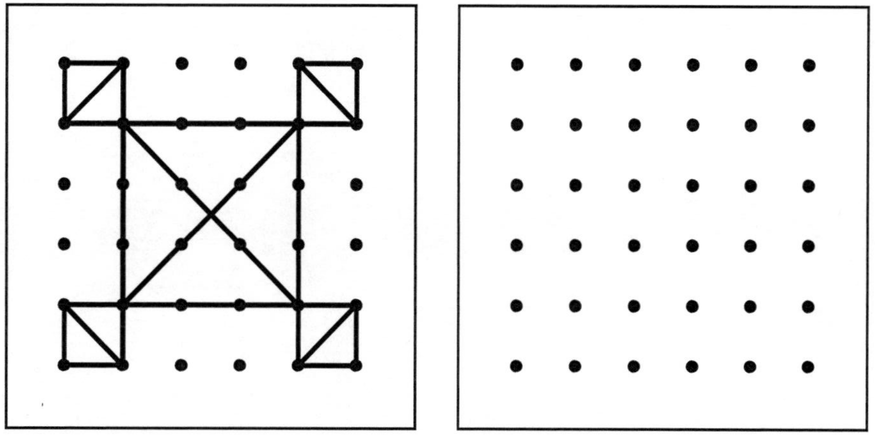

☆愛知教育大学附属名古屋小学校

問題 2

①

②

③
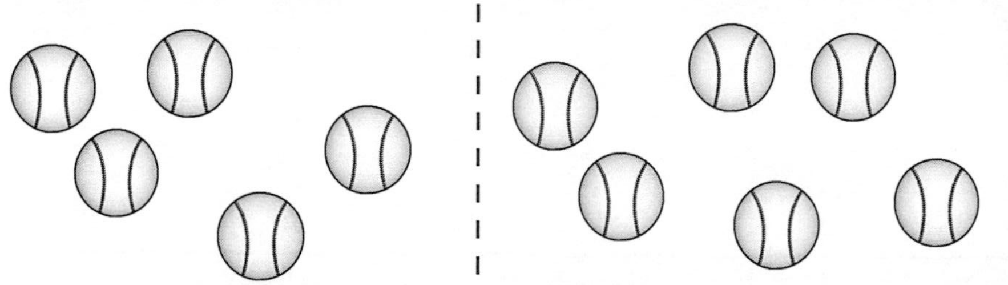

④

⑤
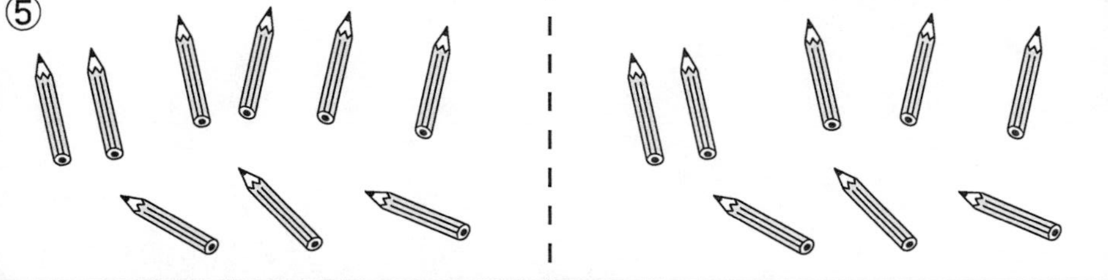

⑥
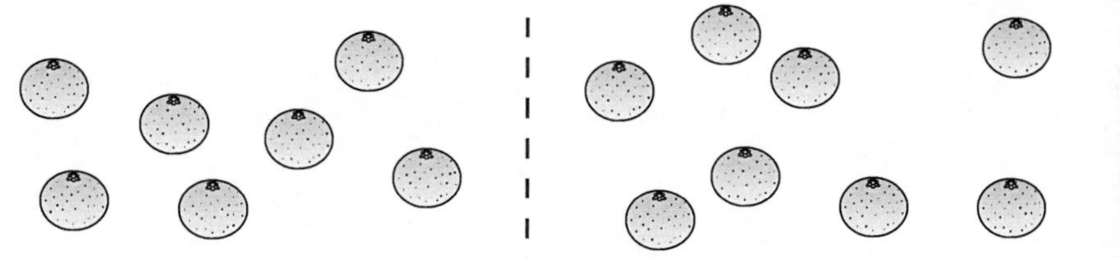

⑦
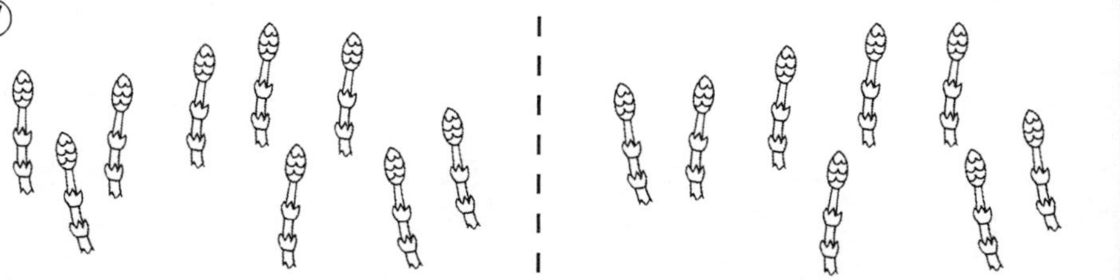

⑧
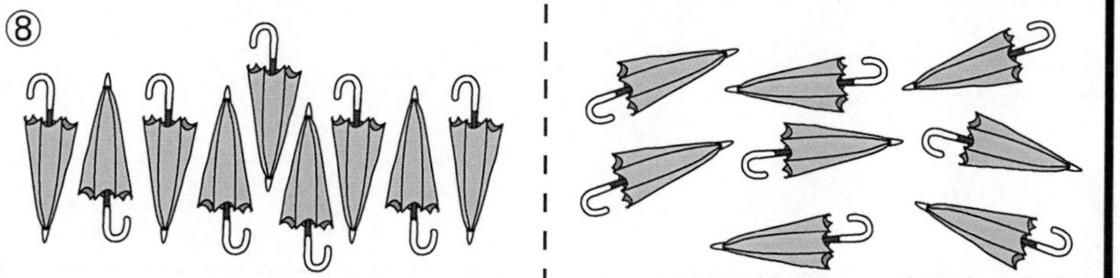

⑨
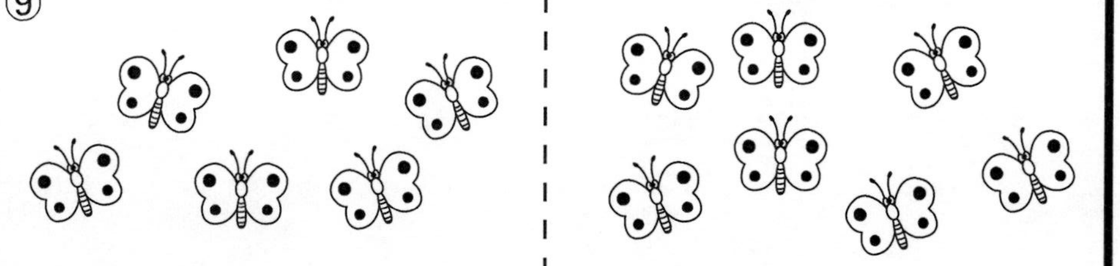

⑩
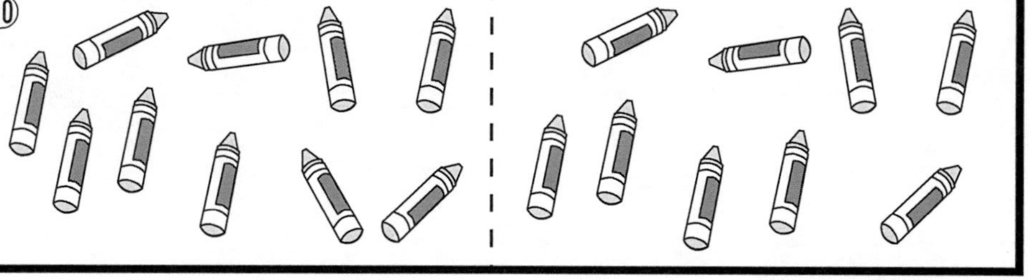

日本学習図書株式会社

☆愛知教育大学附属名古屋小学校

問題3－1

①

②

③

④

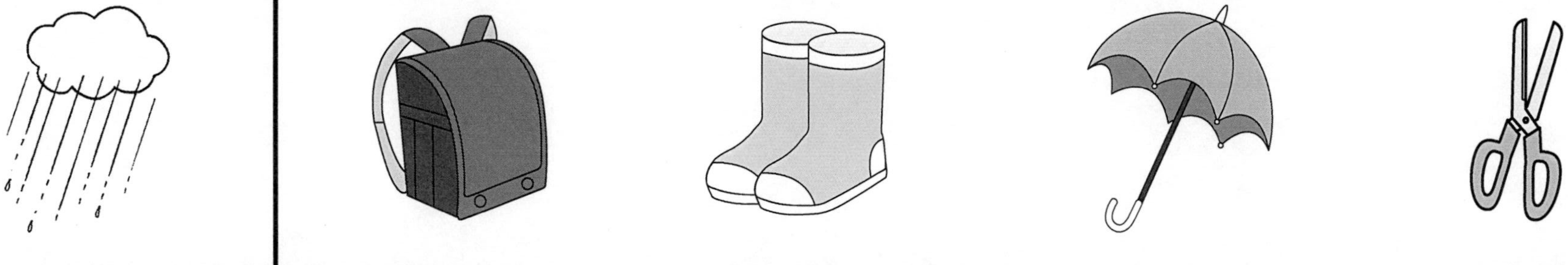

日本学習図書株式会社

☆愛知教育大学附属名古屋小学校

問題 3 － 2

日本学習図書株式会社

☆愛知教育大学附属名古屋小学校

問題4

①

②

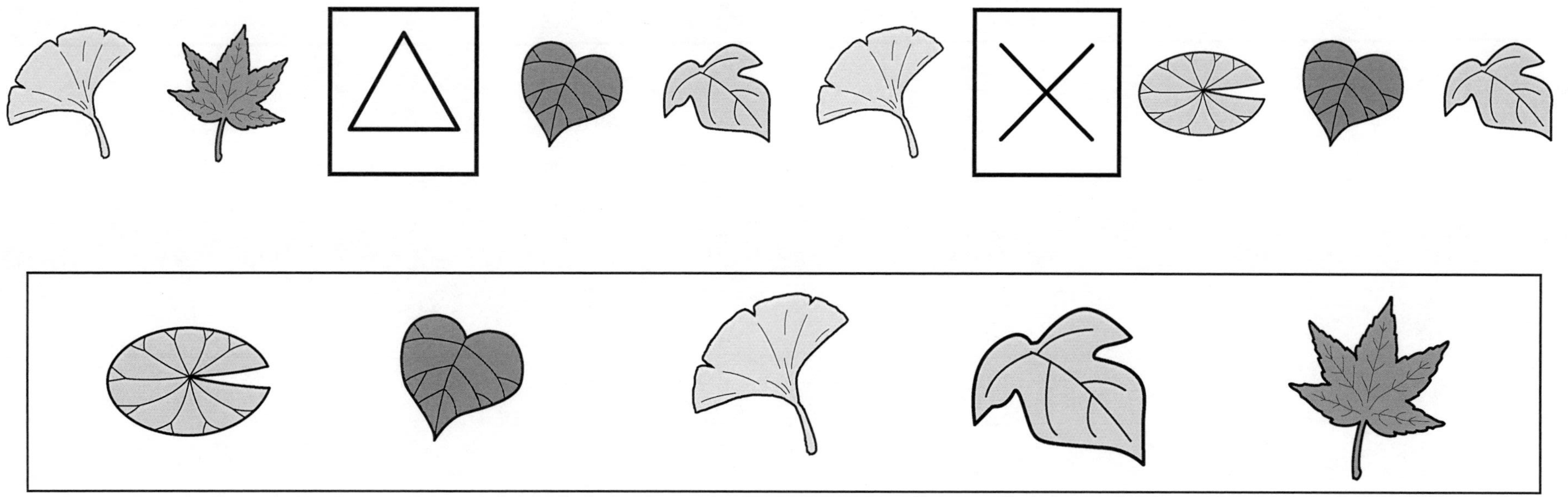

☆愛知教育大学附属名古屋小学校

問題5

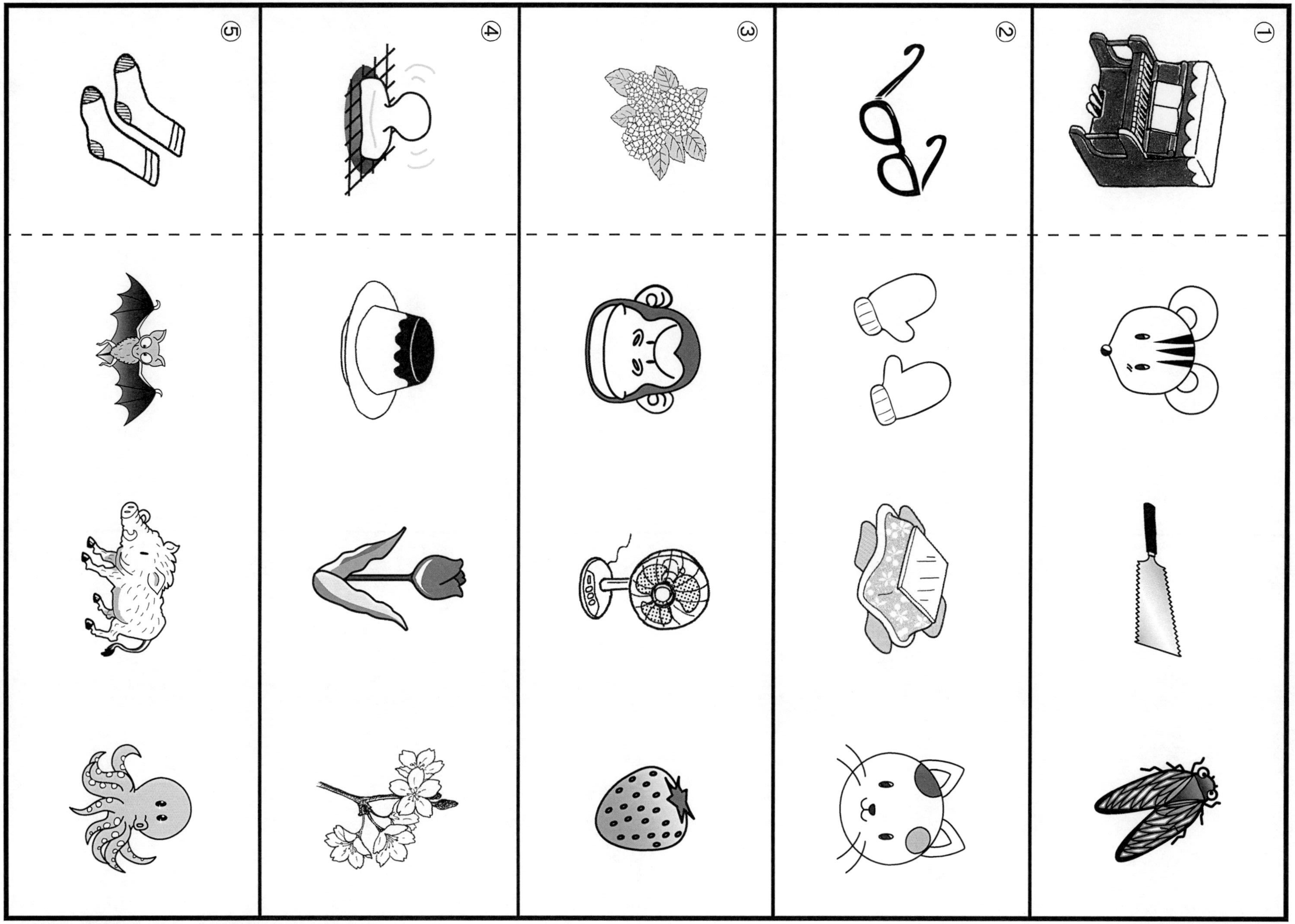

日本学習図書株式会社

問題6

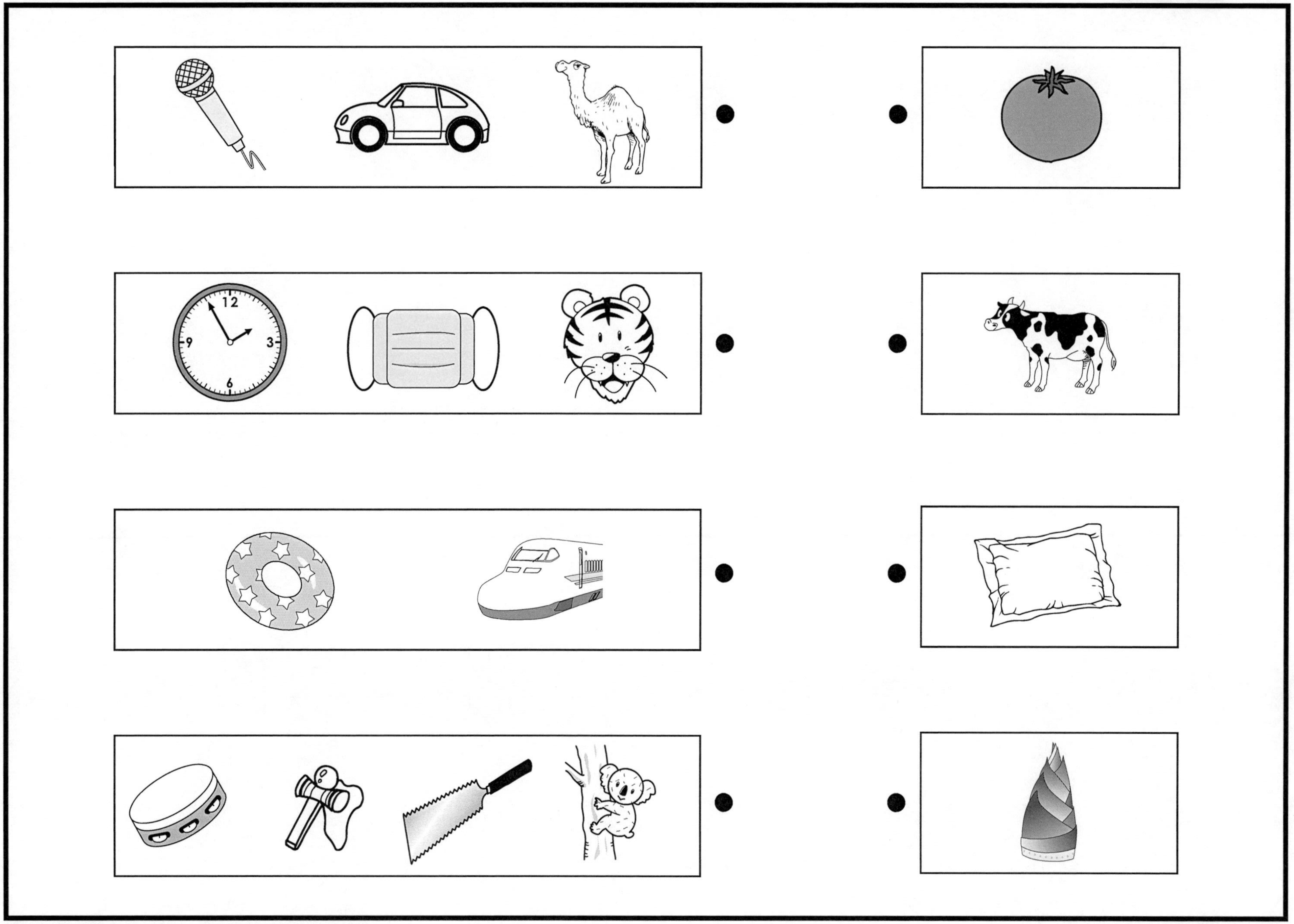

問題 7

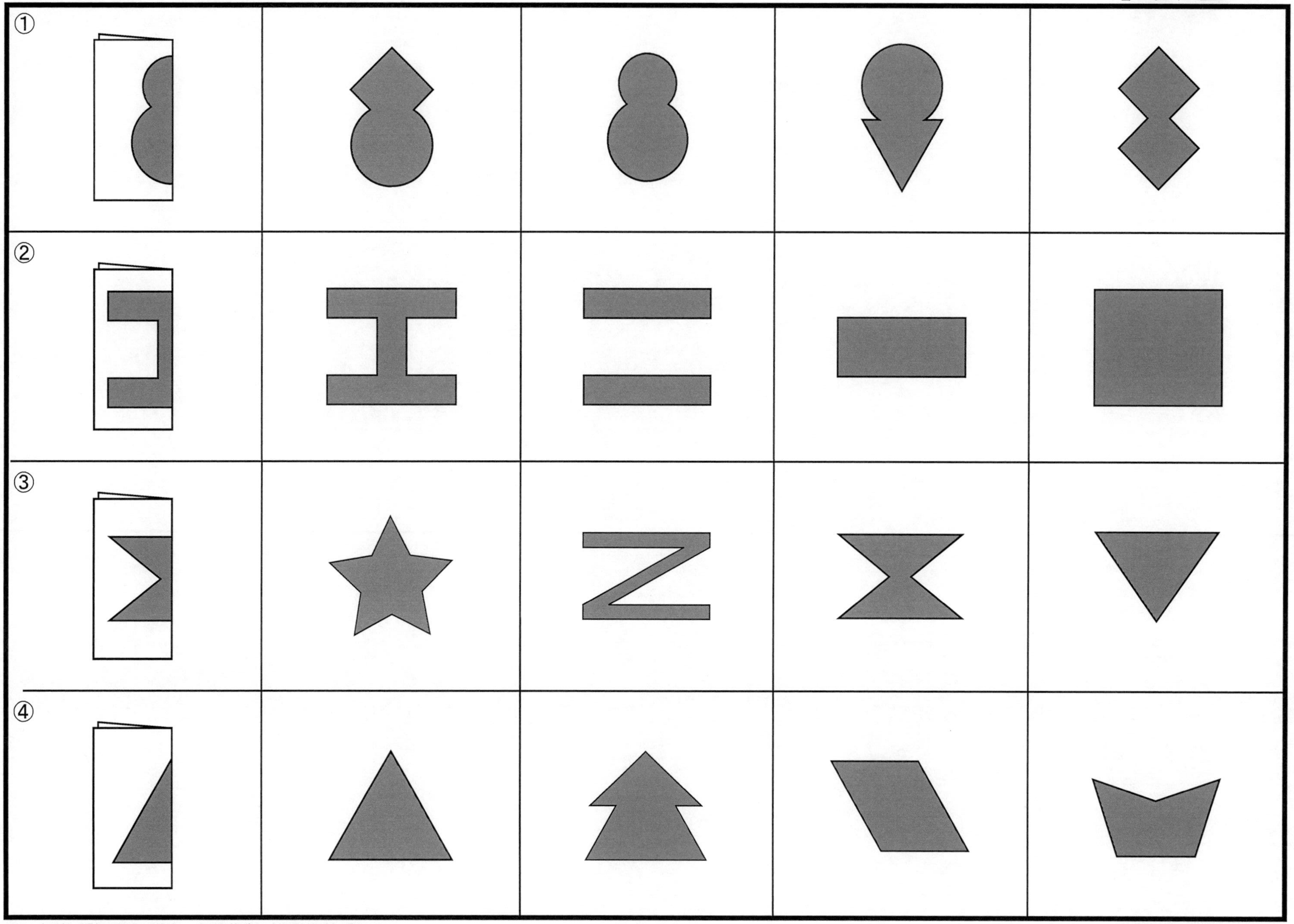

問題8

①

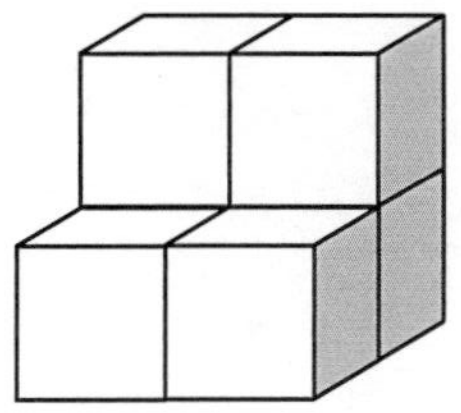

②

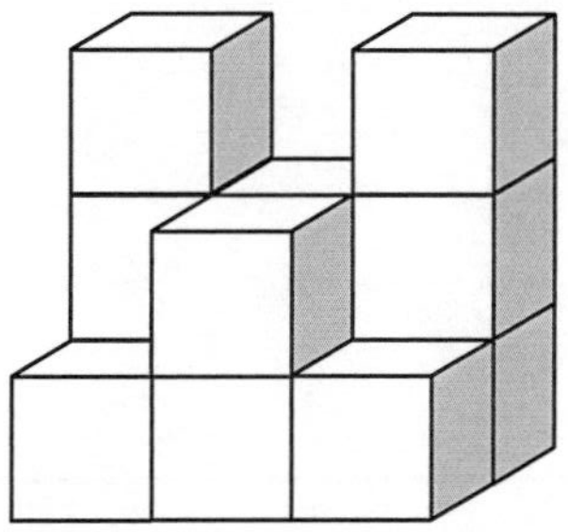

③

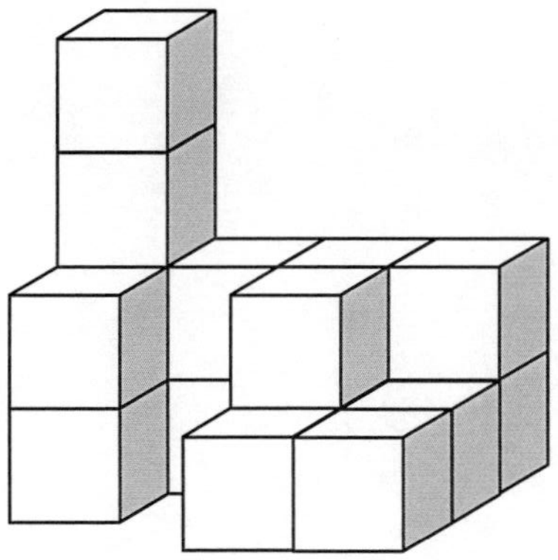

問題11−1

問題１１－２

問題１１－３

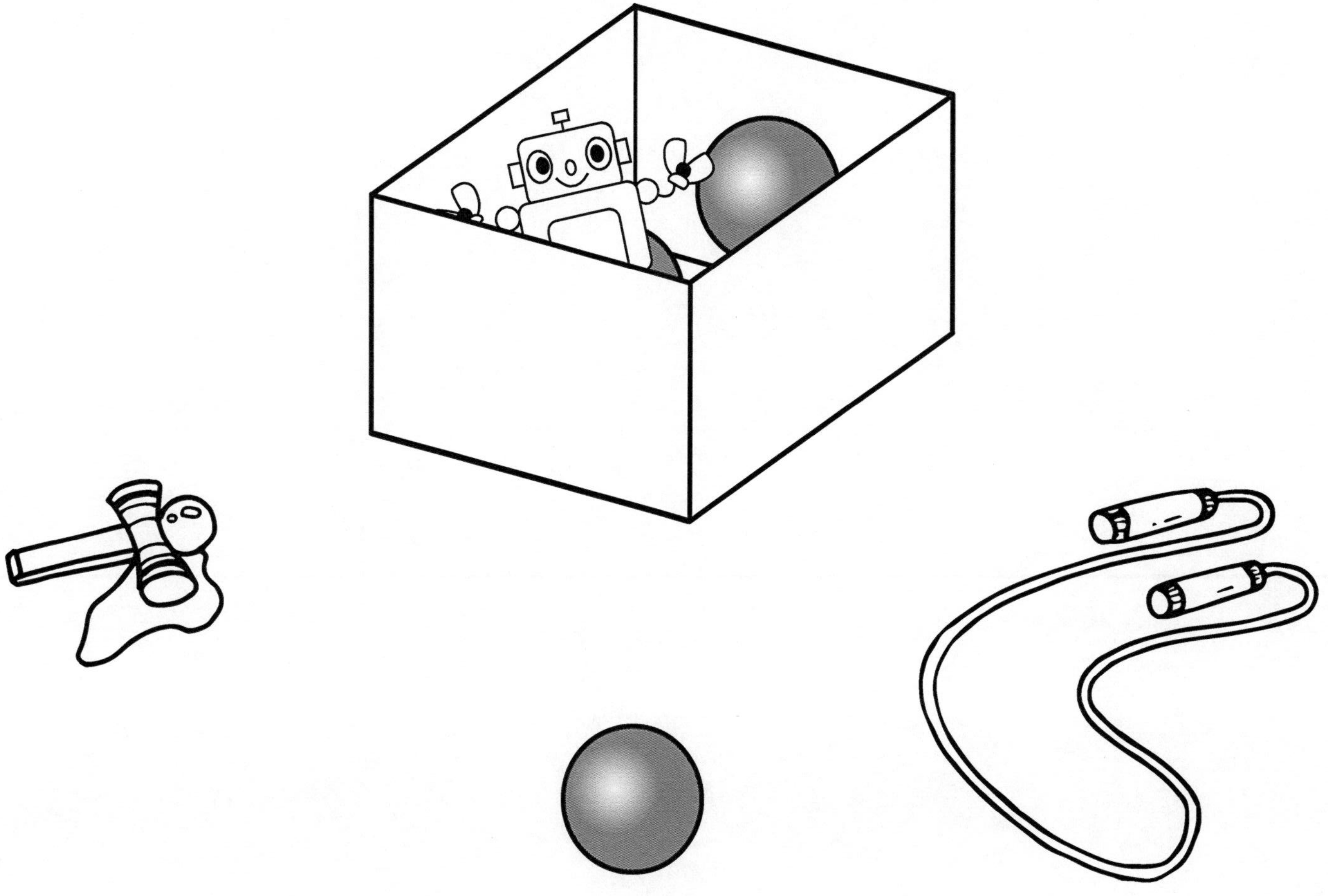

日本学習図書株式会社

問題１１－４

山

虫

日本学習図書株式会社

問題１３－１

①

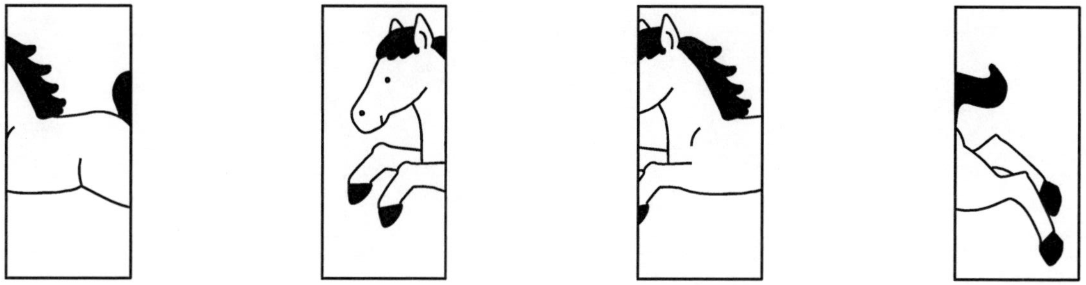

②

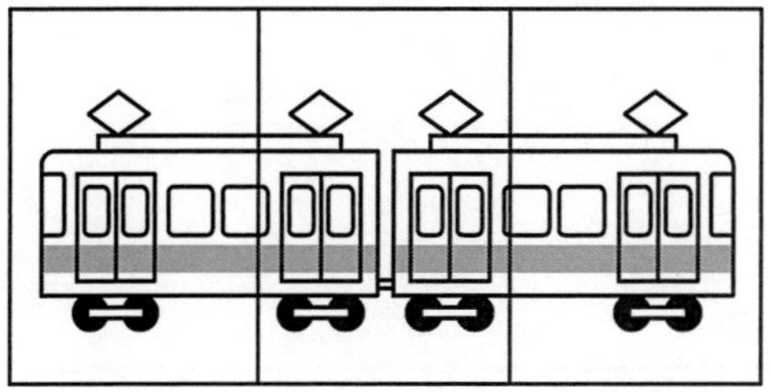

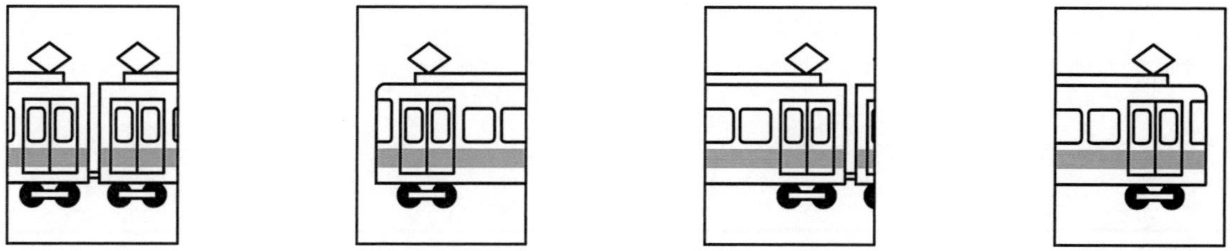

③

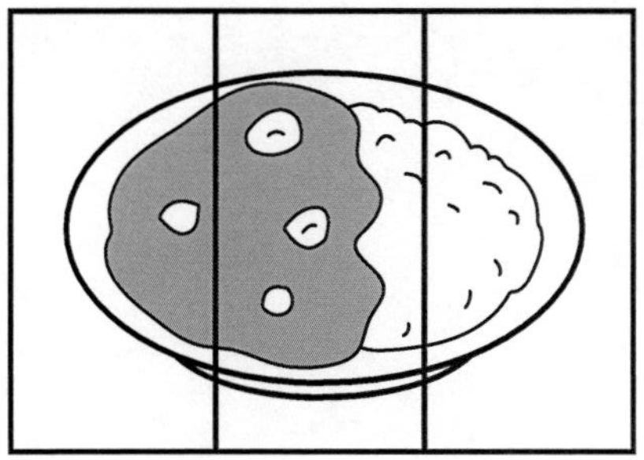

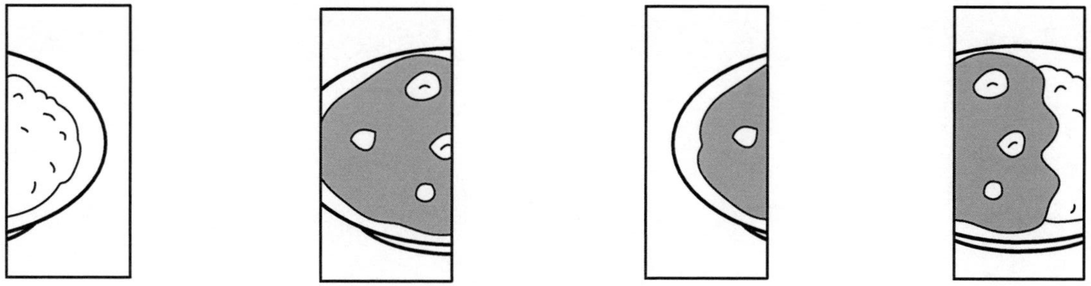

問題１３－２

④

⑤

⑥

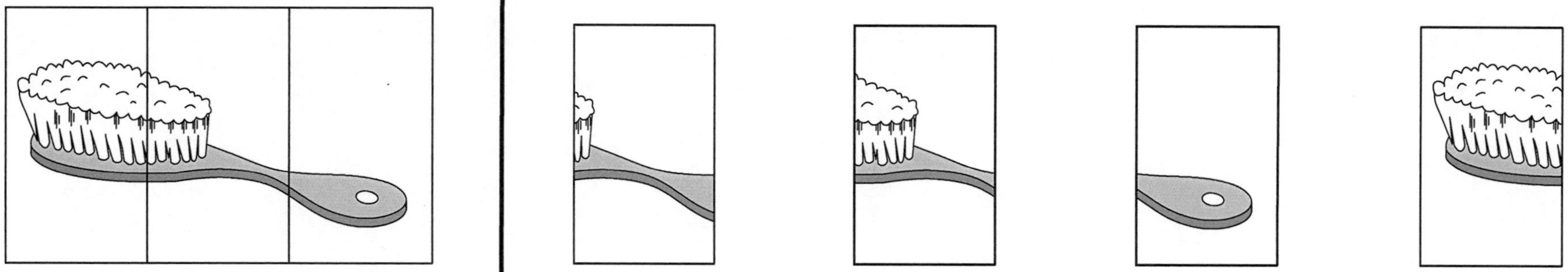

☆愛知教育大学附属名古屋小学校

2021年度 愛知国立 過去 無断複製／転載を禁ずる 日本学習図書株式会社

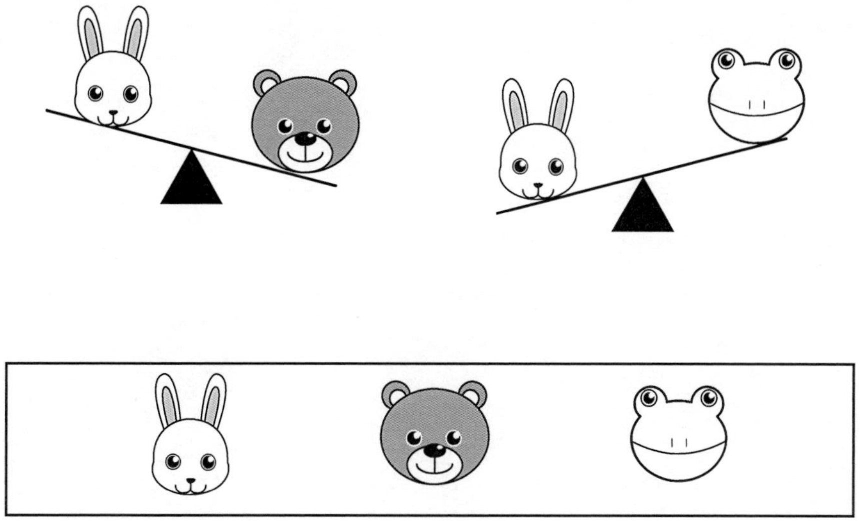

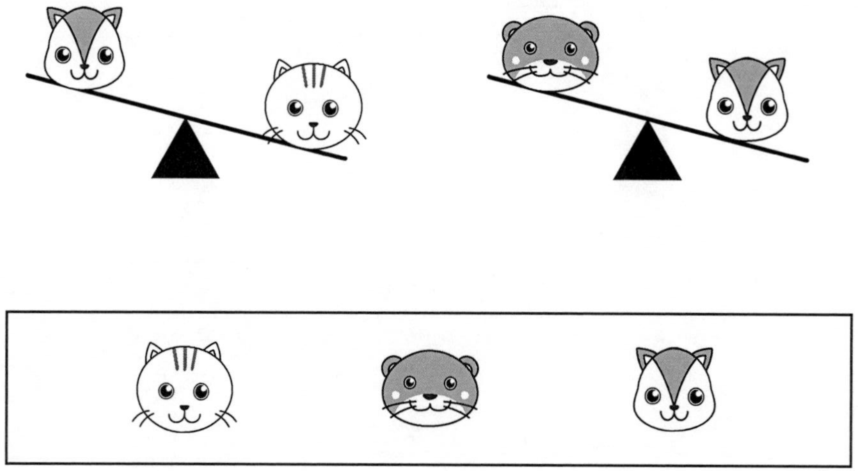

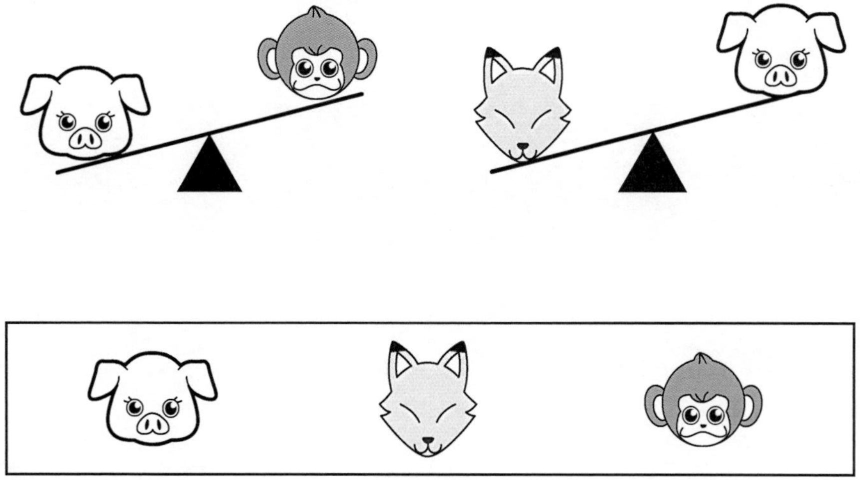

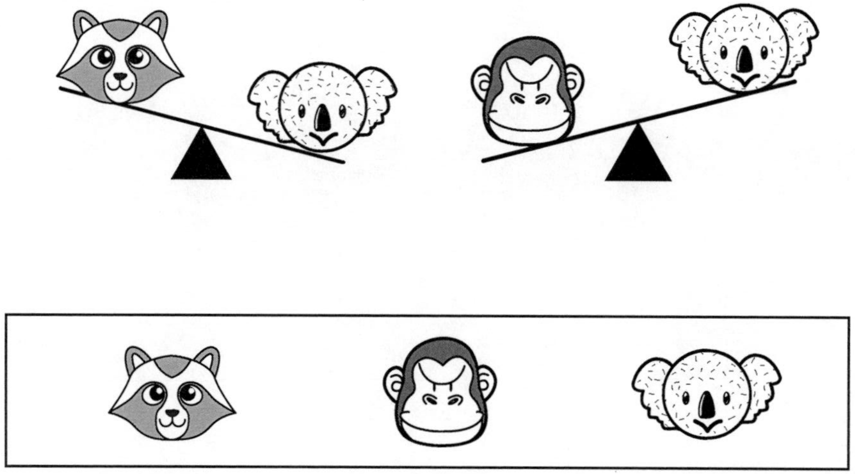

☆愛知教育大学附属名古屋小学校

問題１５

①

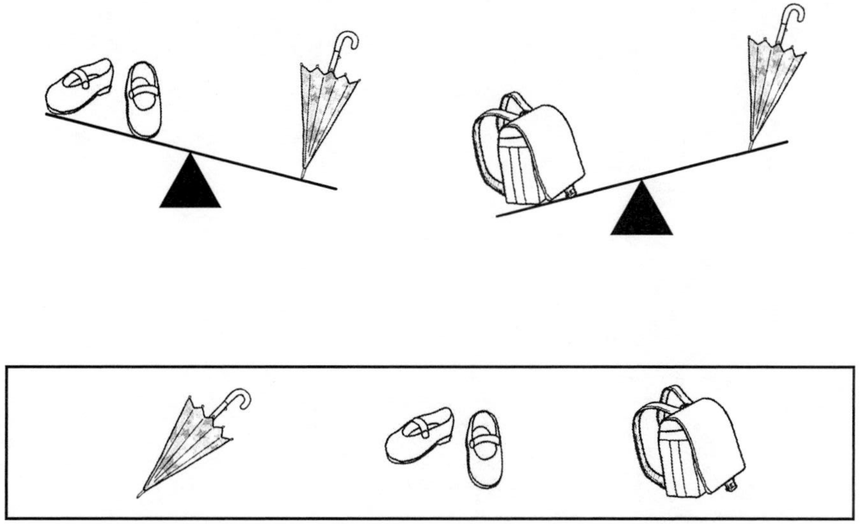

②

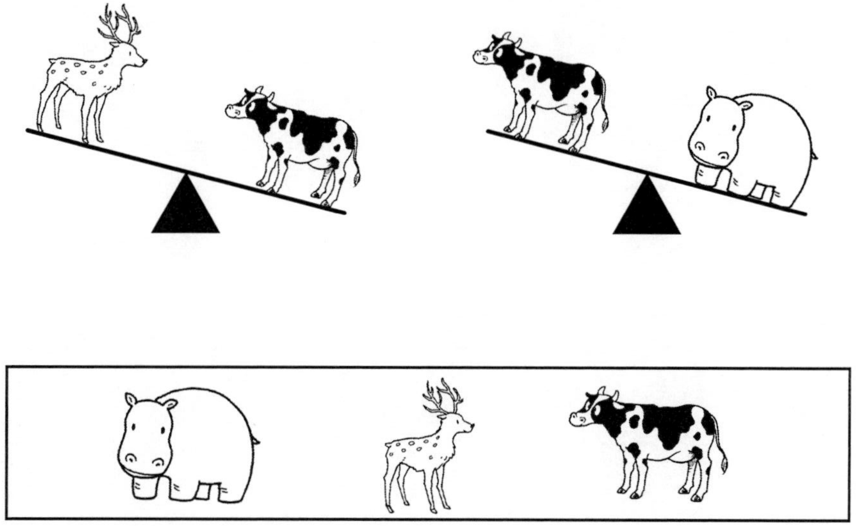

③

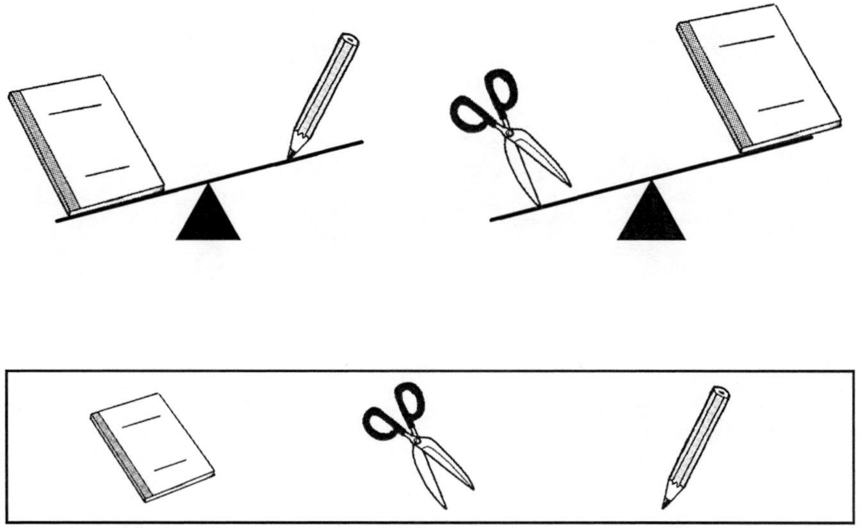

④

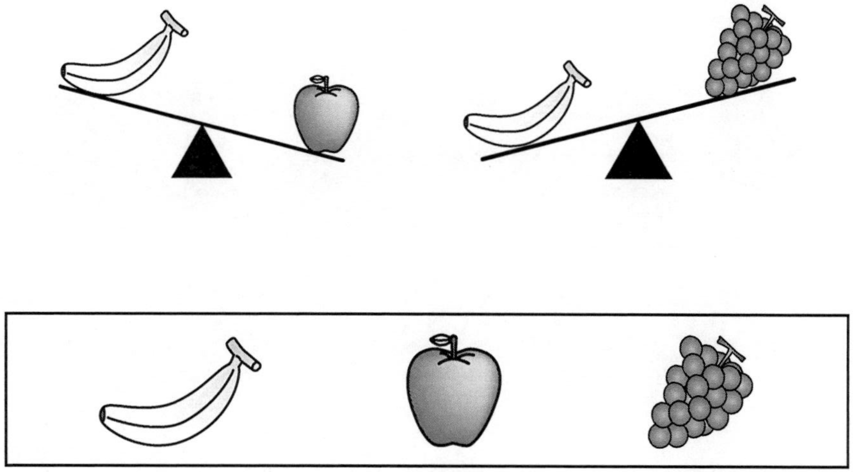

日本学習図書株式会社

問題１６－１

①

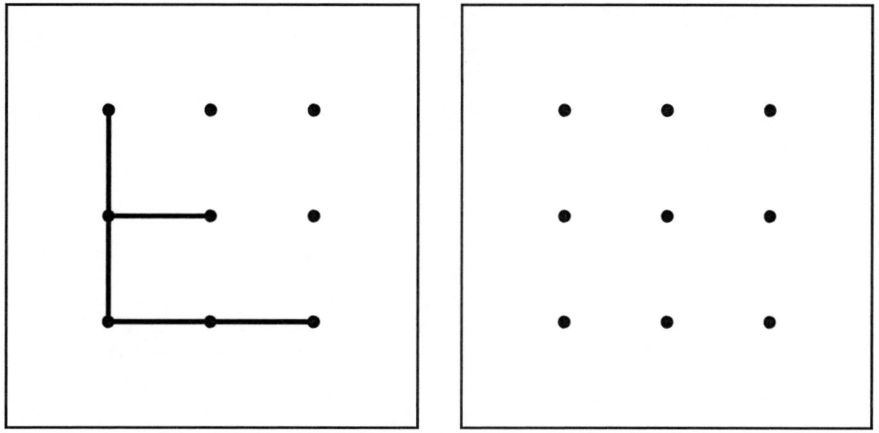

②

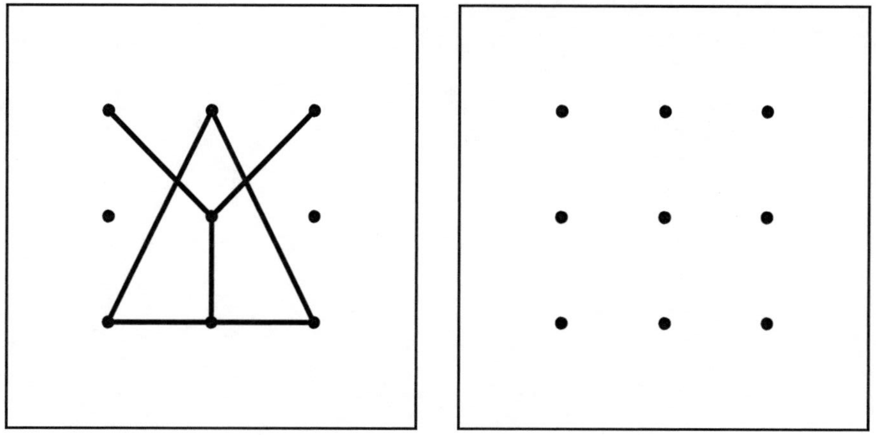

③

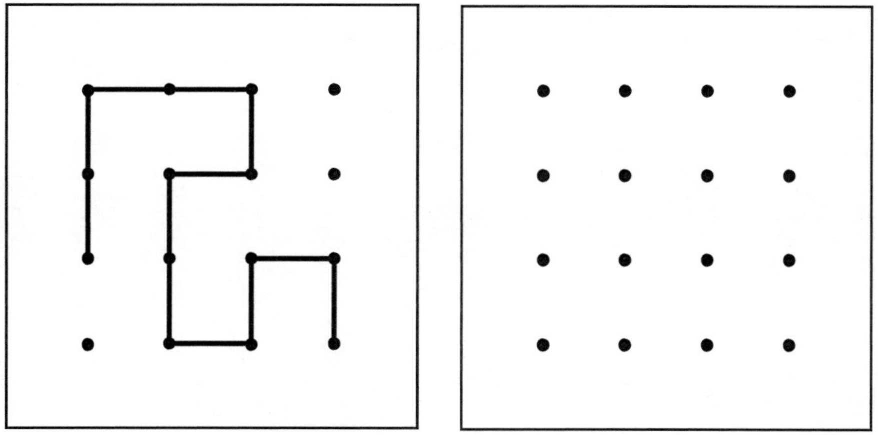

④

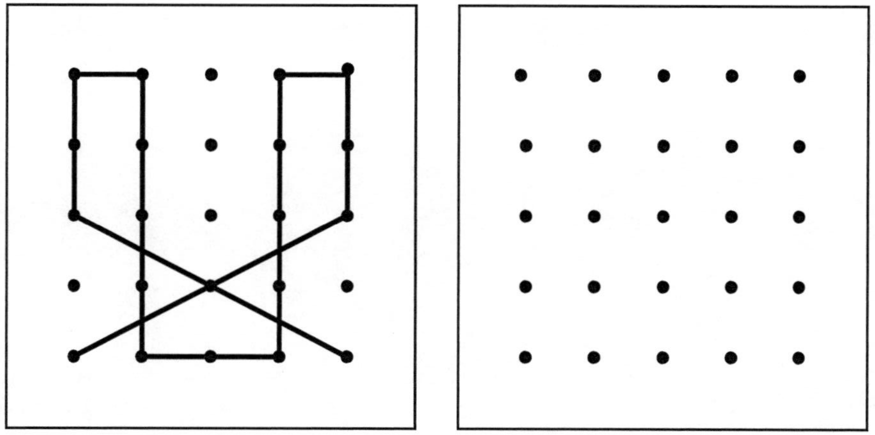

⑥

⑧

⑤

⑦

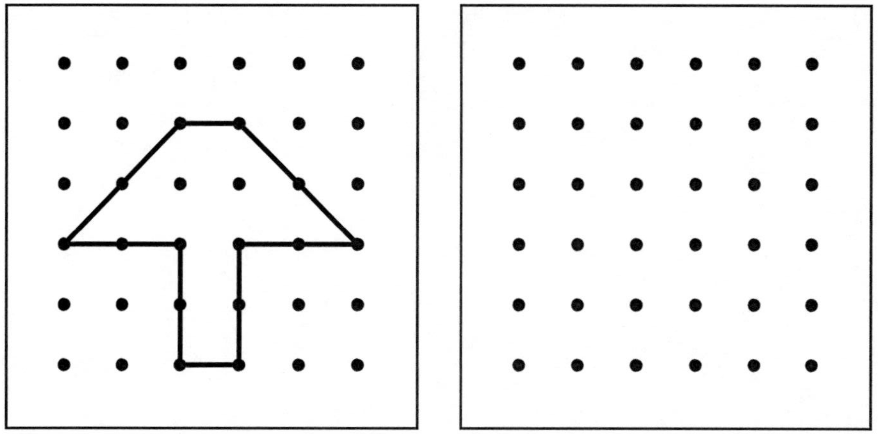

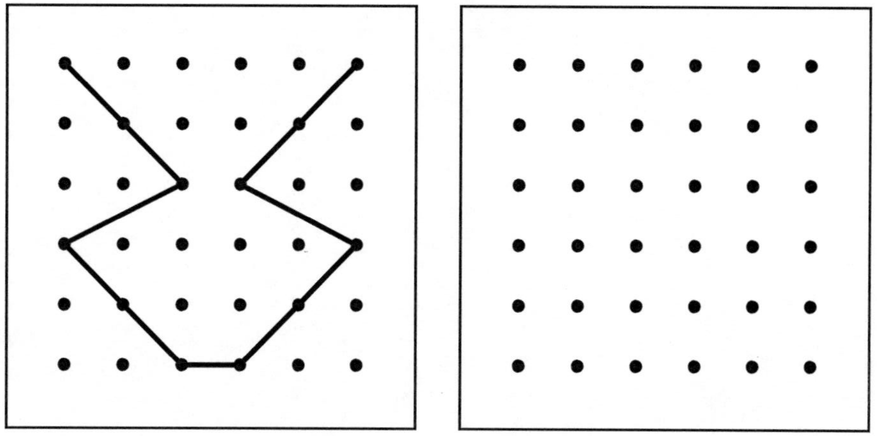

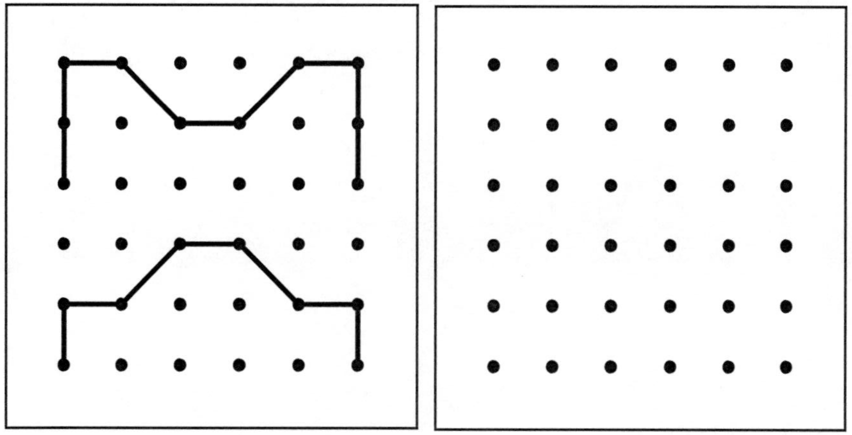

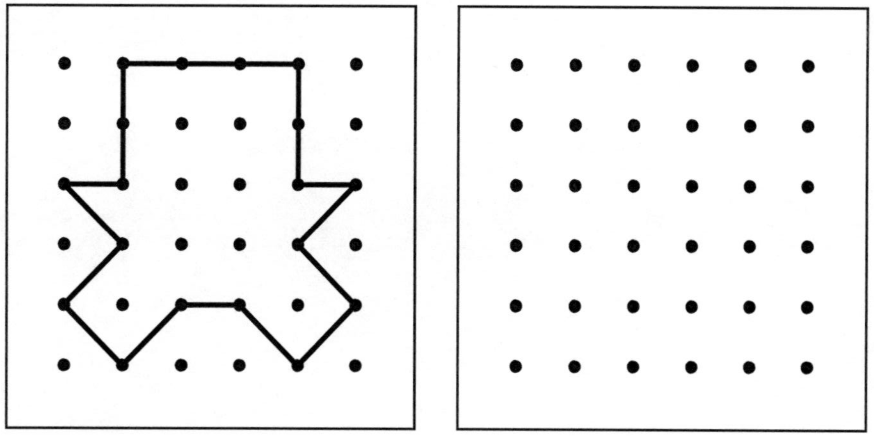

問題17

☆愛知教育大学附属名古屋小学校

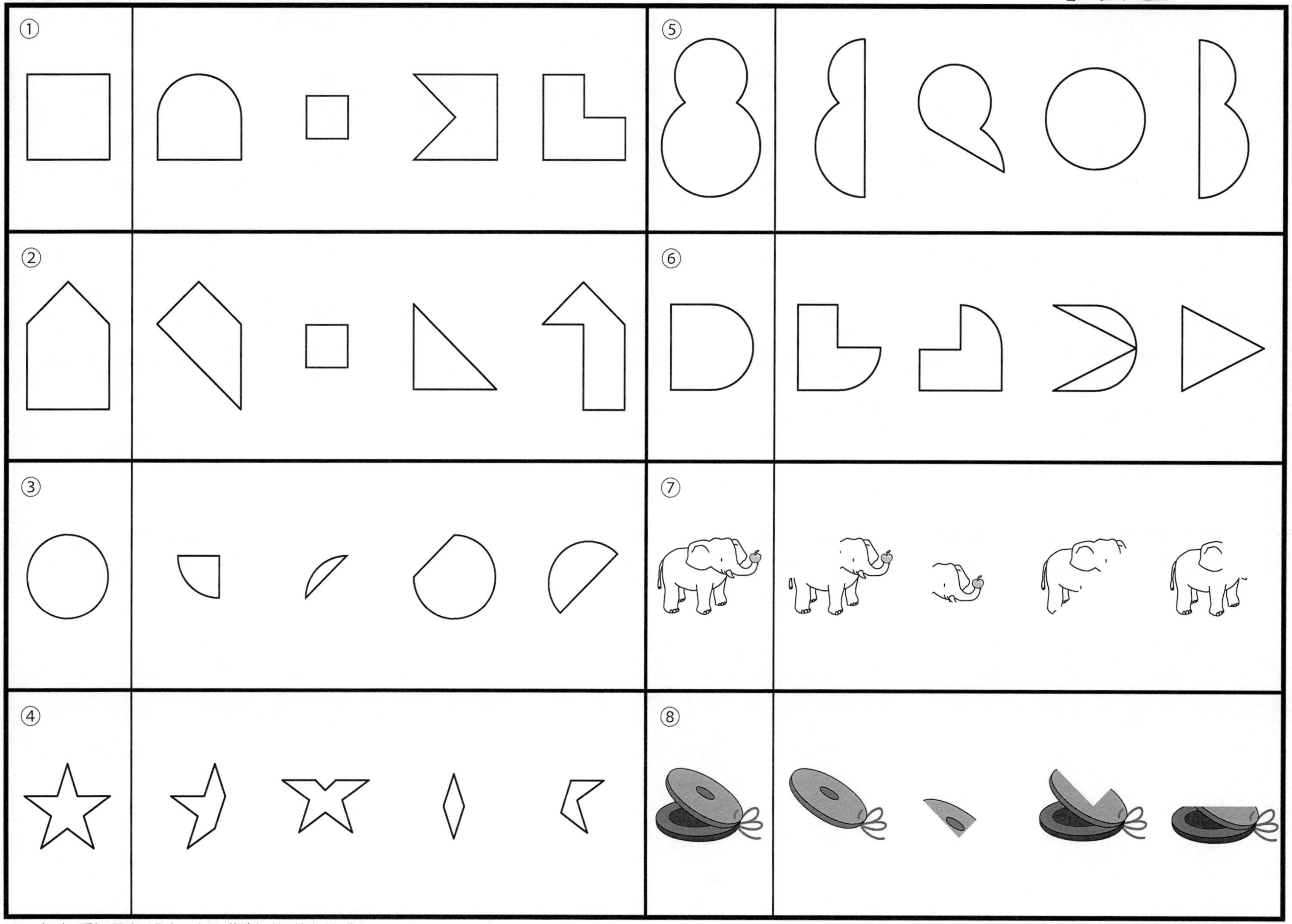

日本学習図書株式会社

☆愛知教育大学附属名古屋小学校

問題１８

①

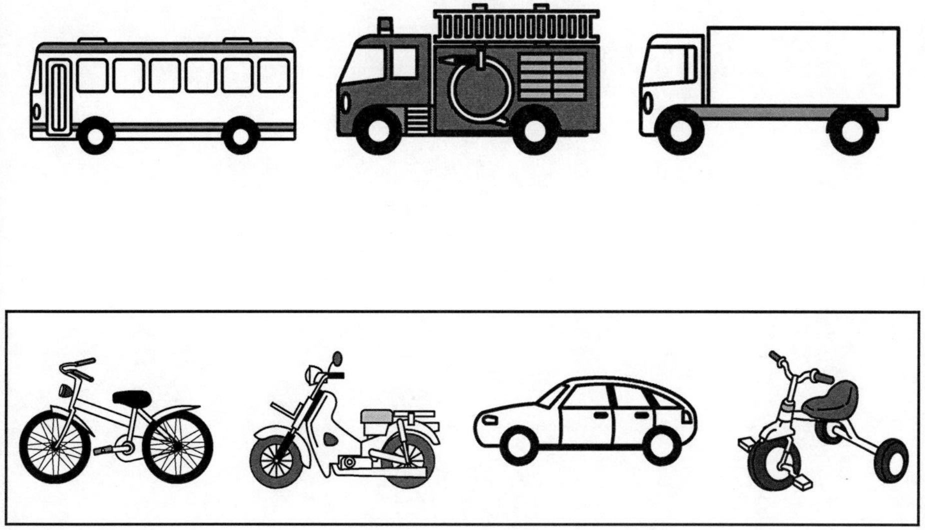

②

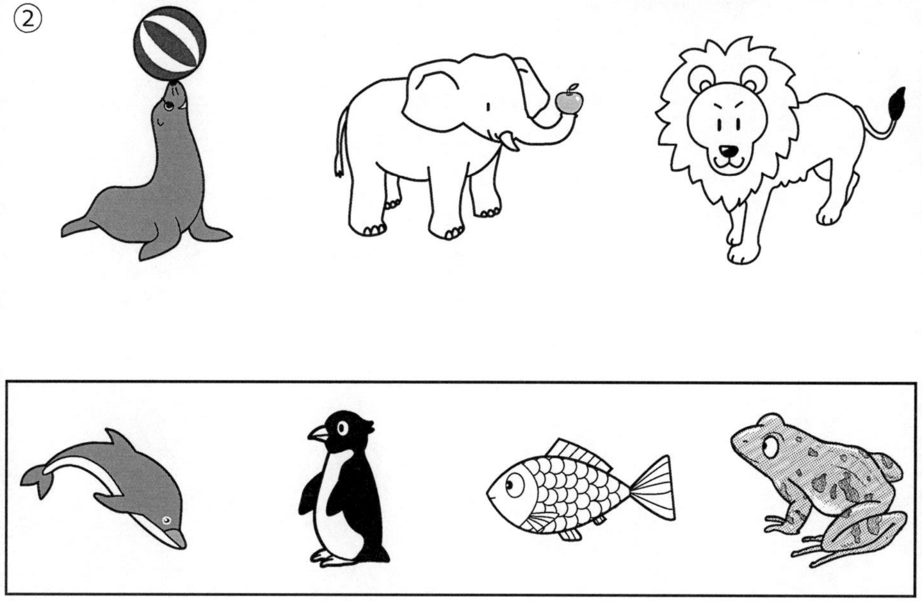

③

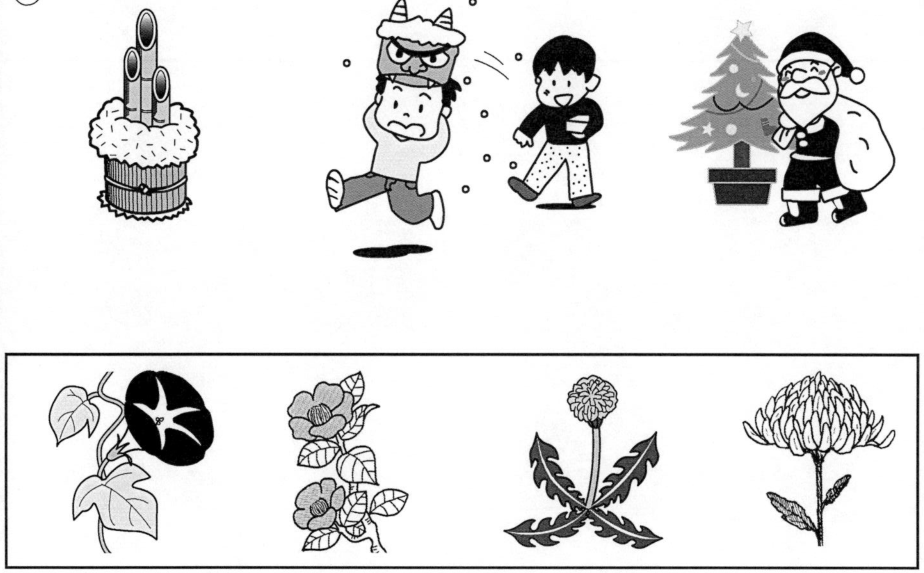

④

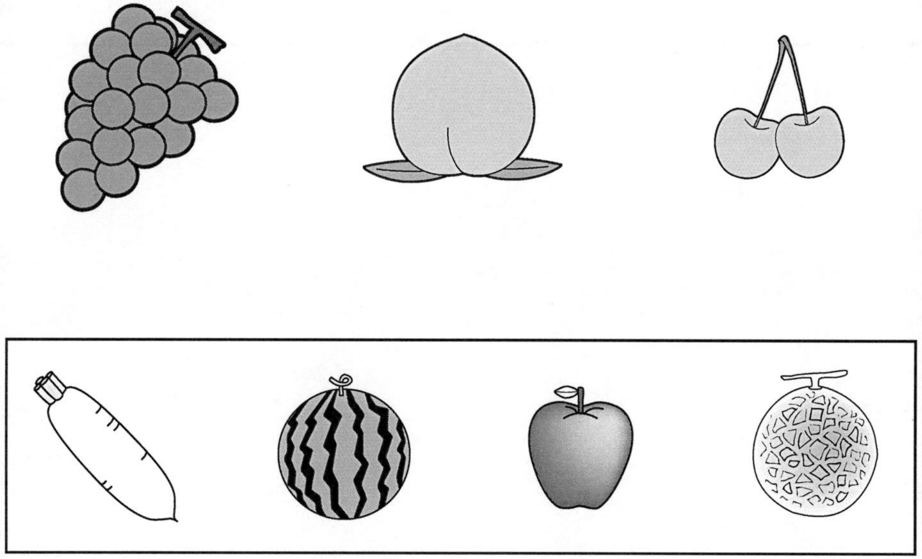

日本学習図書株式会社

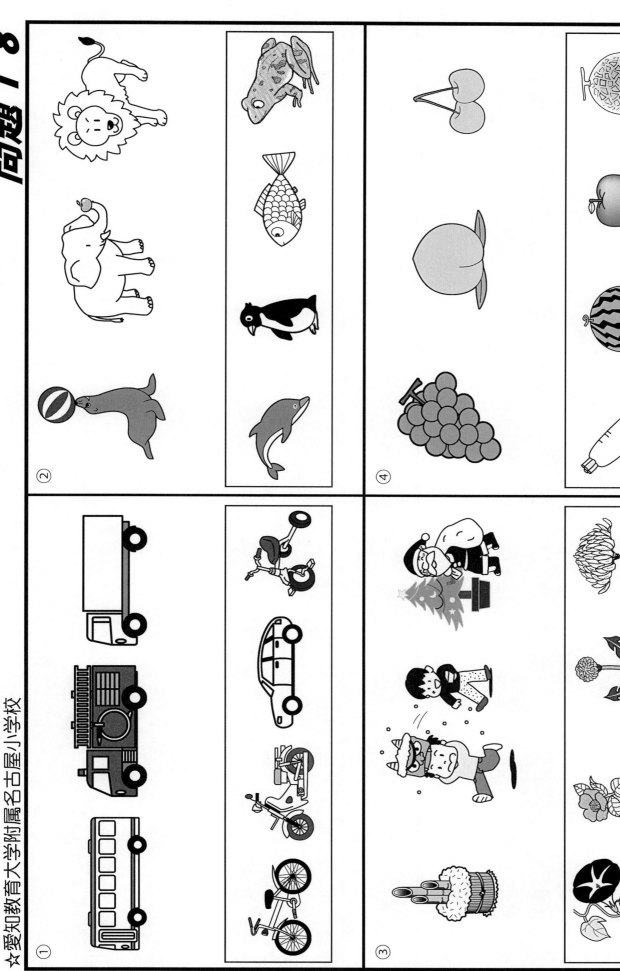

☆愛知教育大学附属名古屋小学校

問題１９

①

②

問題２０

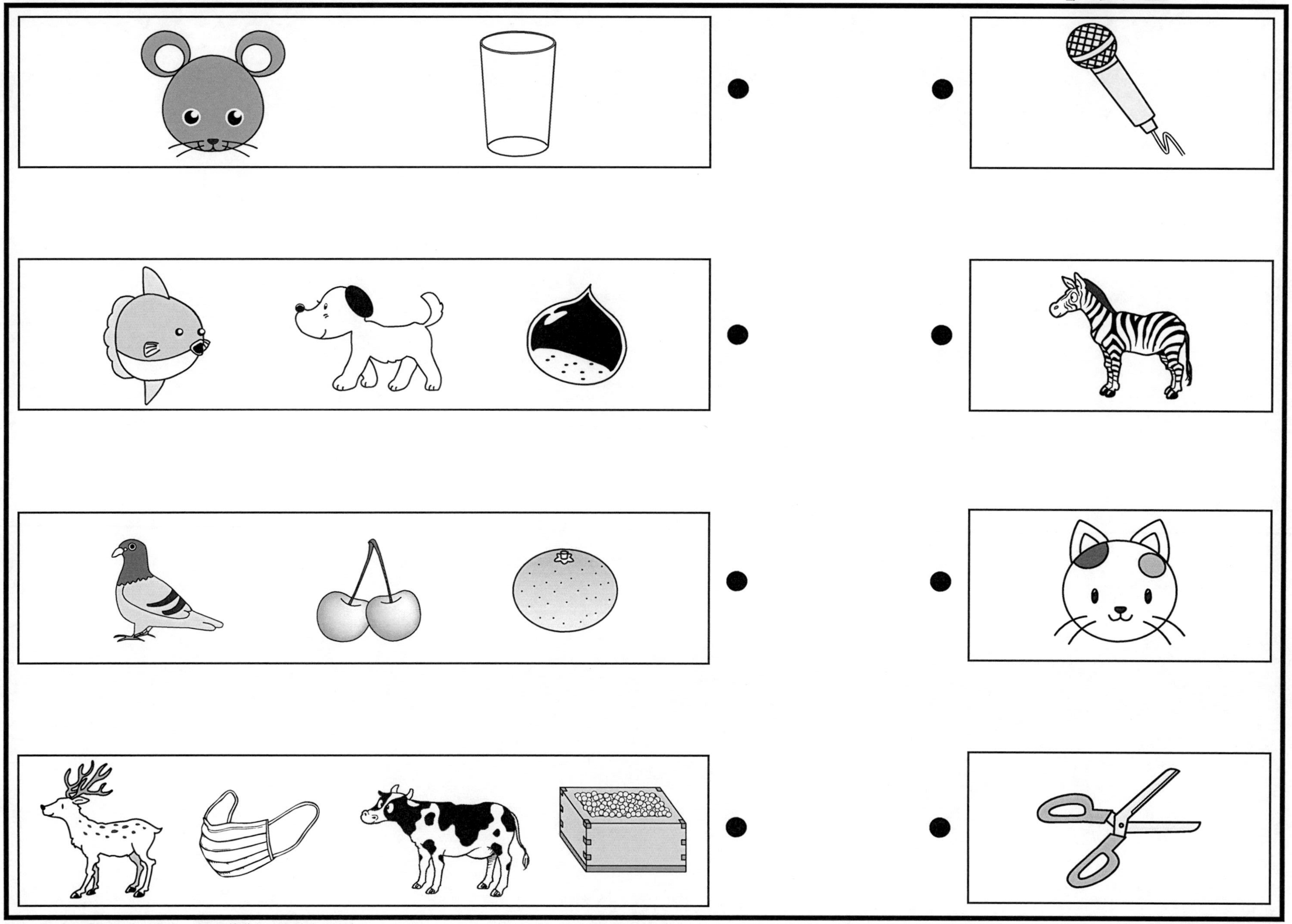

☆愛知教育大学附属名古屋小学校

問題２１

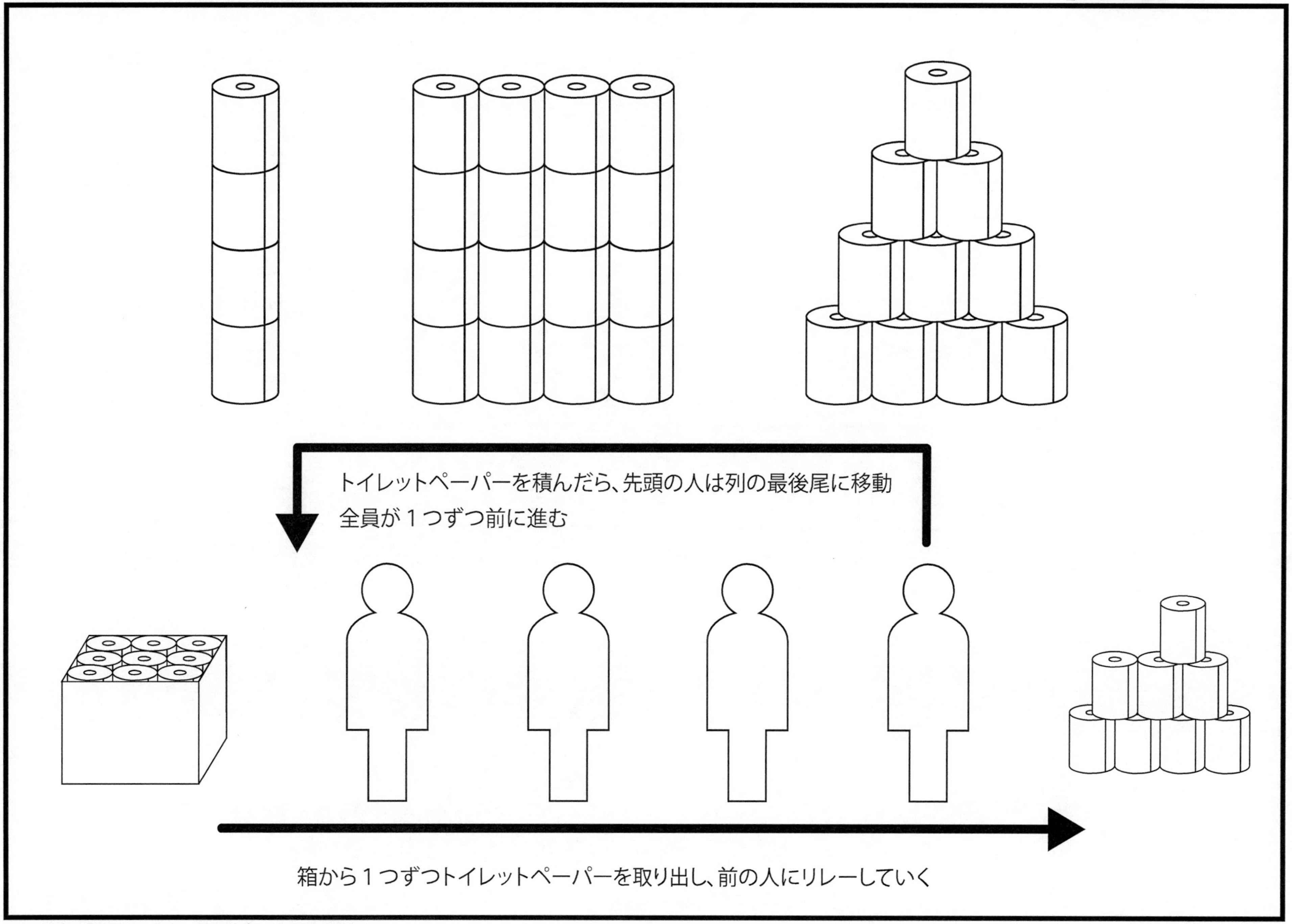
トイレットペーパーを積んだら、先頭の人は列の最後尾に移動
全員が１つずつ前に進む
箱から１つずつトイレットペーパーを取り出し、前の人にリレーしていく

日本学習図書株式会社

問題２２

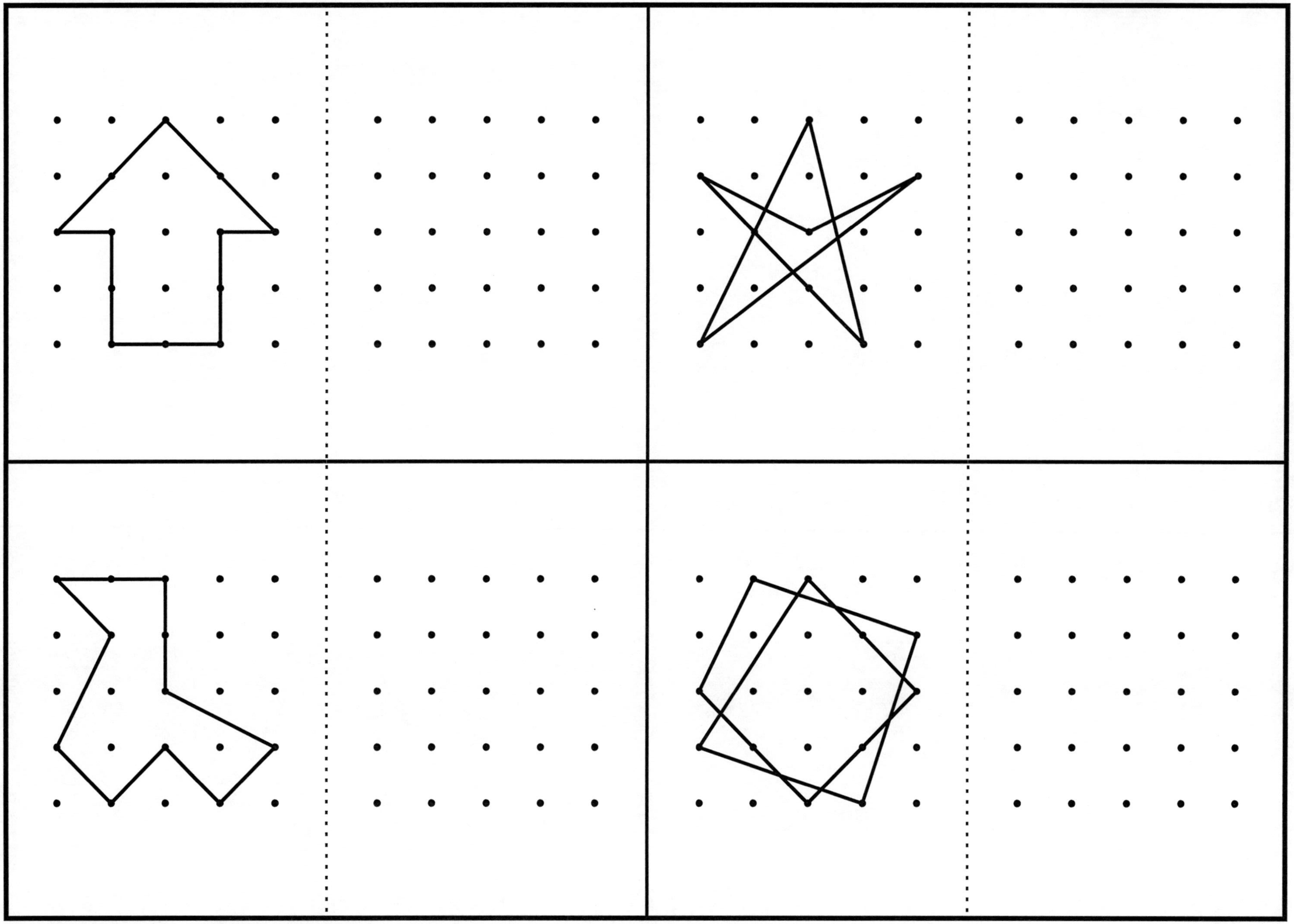

☆愛知教育大学附属名古屋小学校

問題23

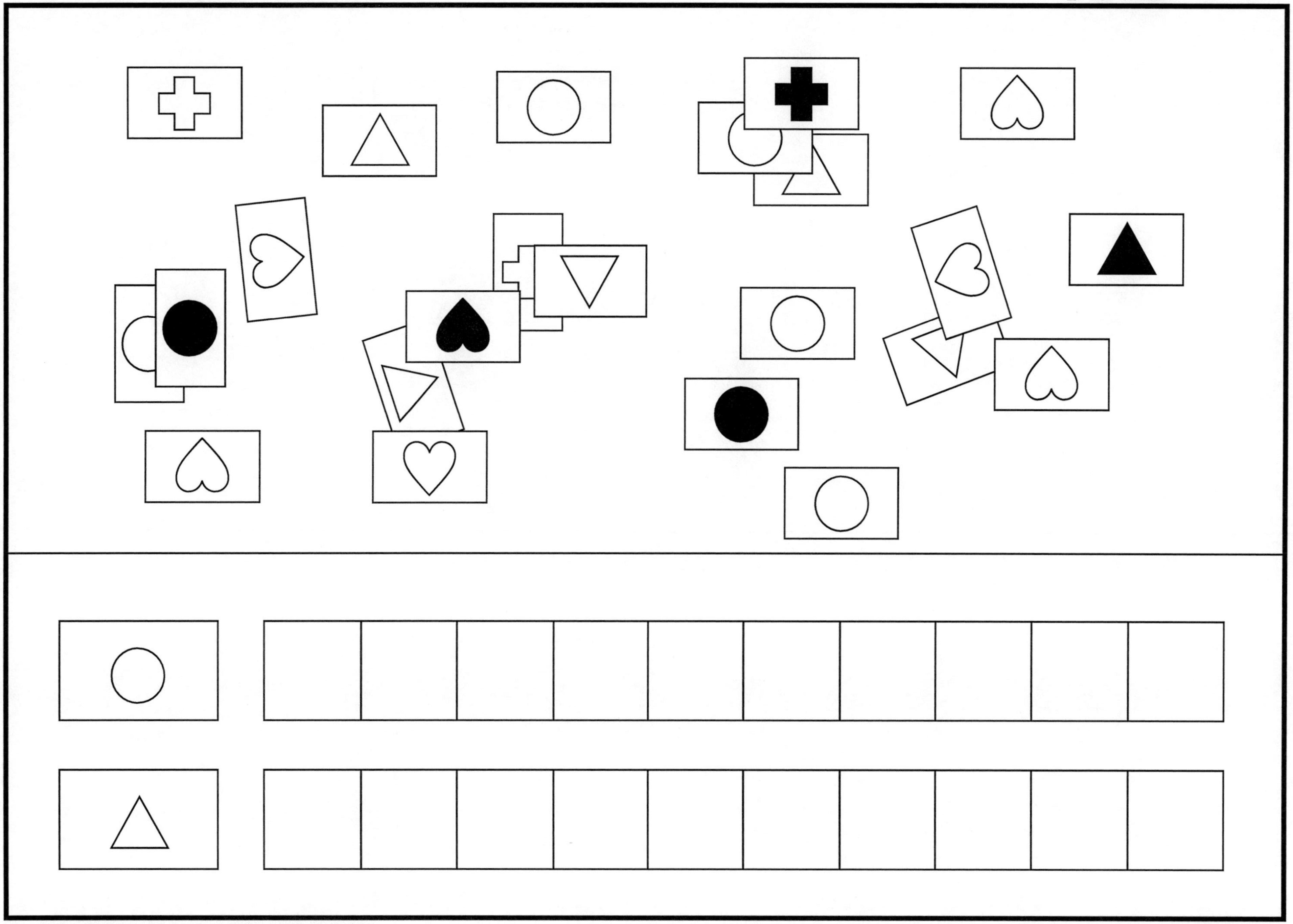

☆愛知教育大学附属名古屋小学校

問題２４

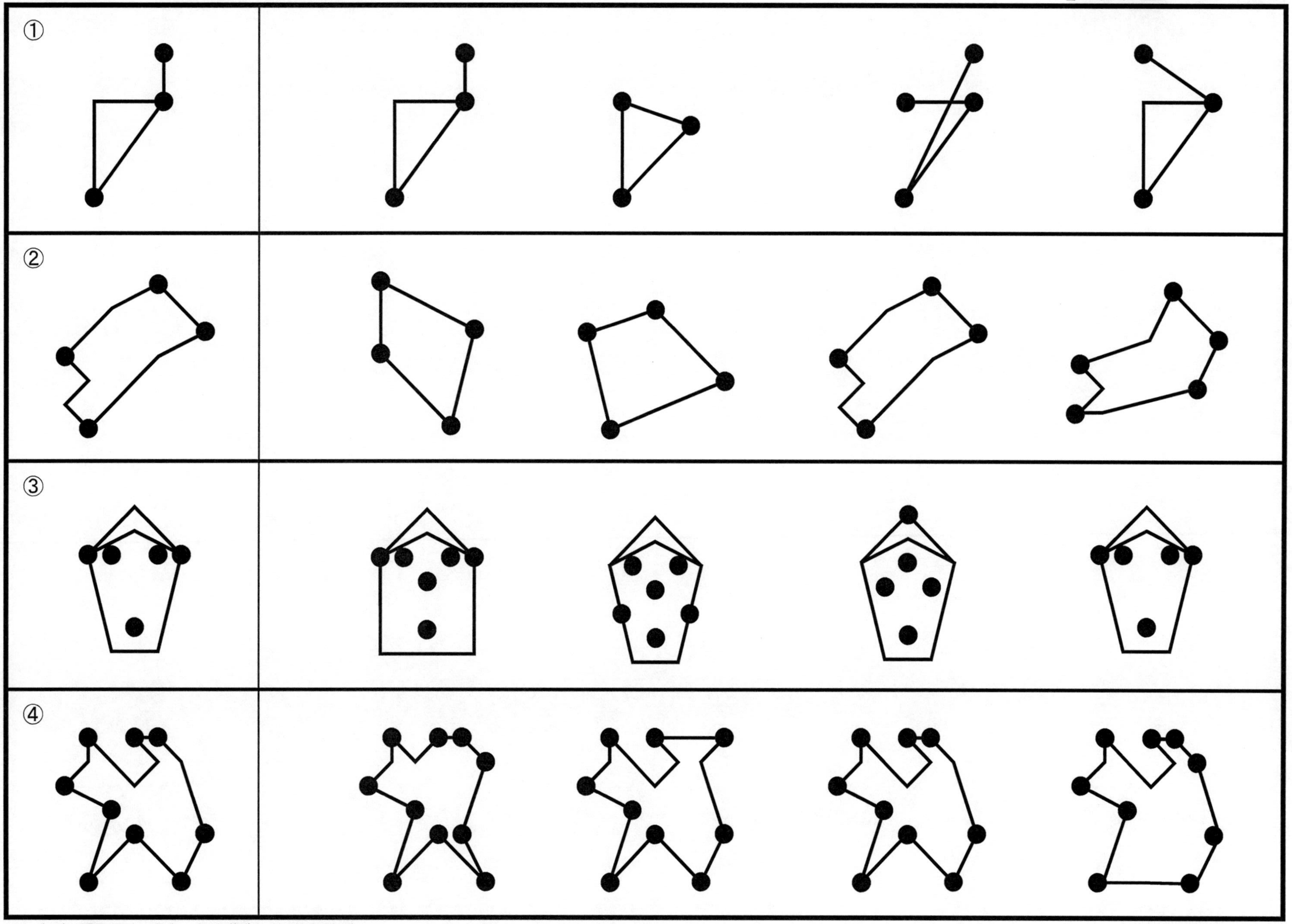

問題２５

①

②

③

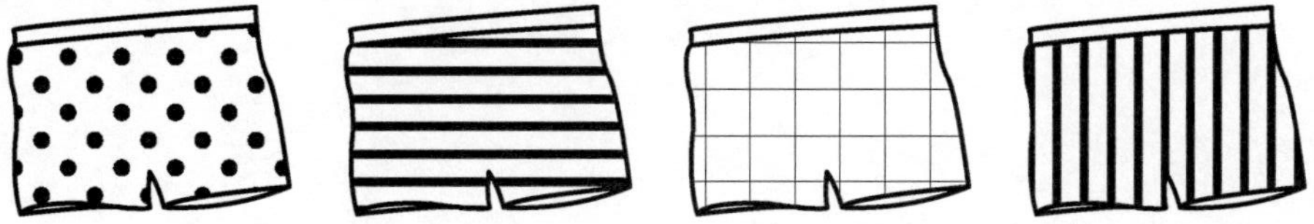

④

⑤

問題２６

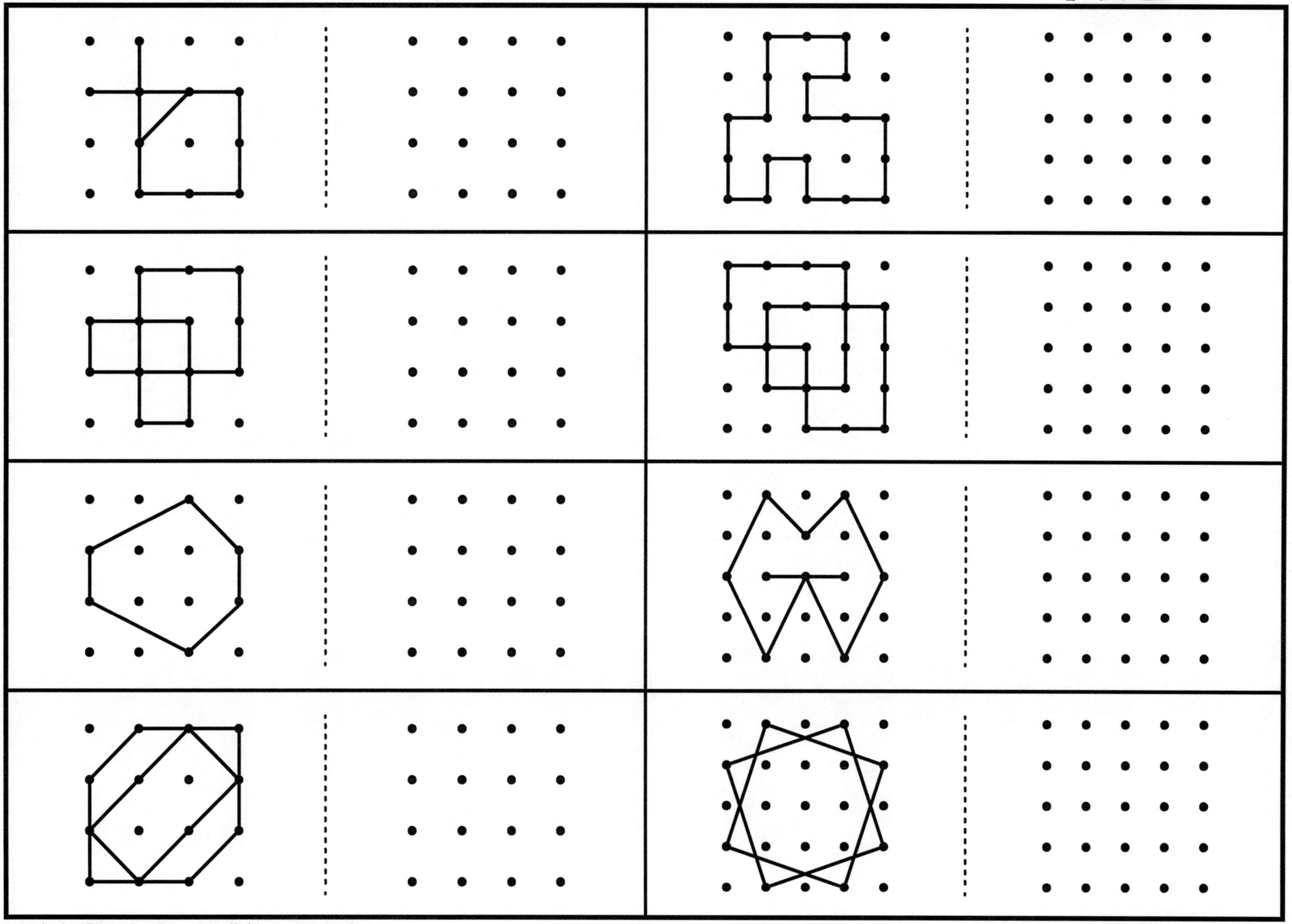

日本学習図書株式会社

☆愛知教育大学附属名古屋小学校

問題２７

①

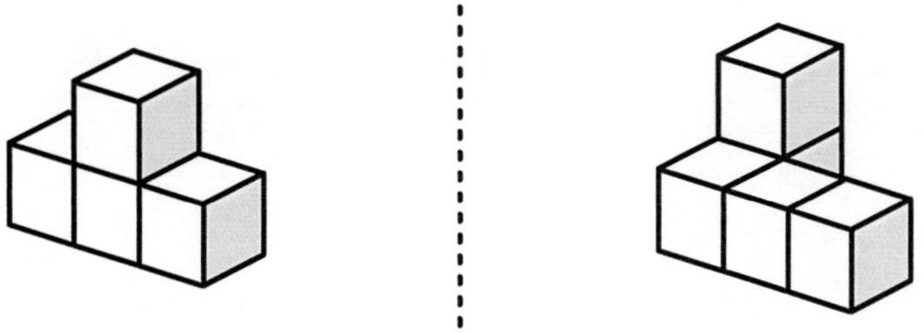

②

③

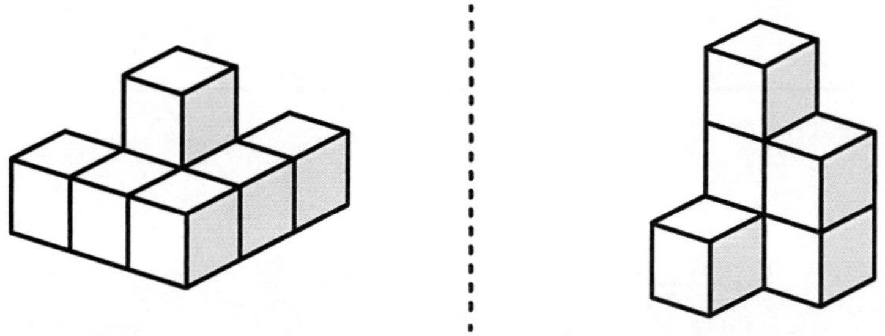

④

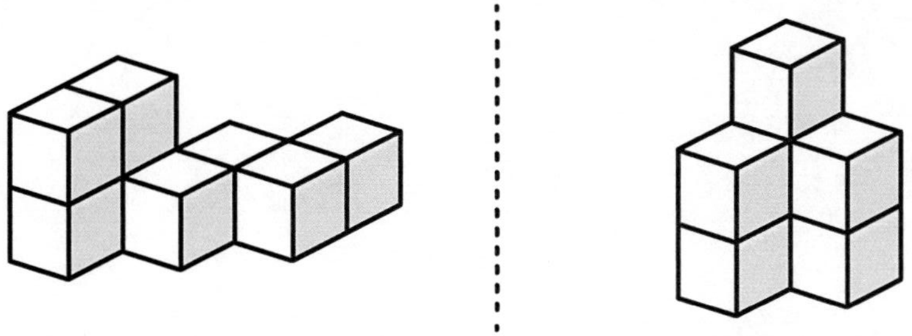

⑤

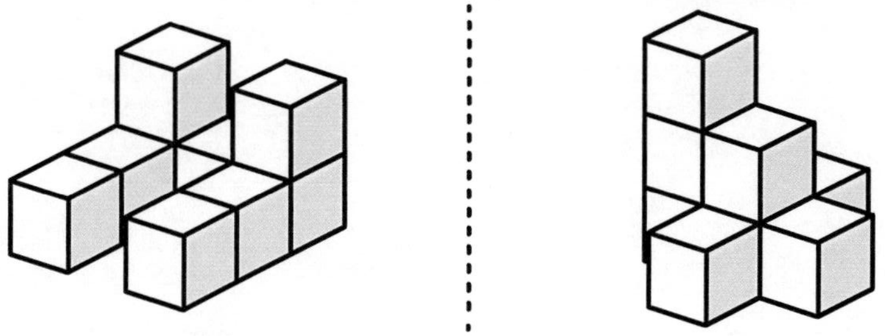

⑥

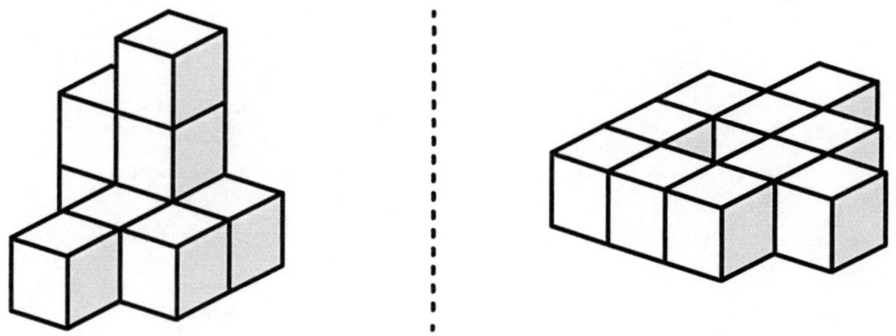

⑦

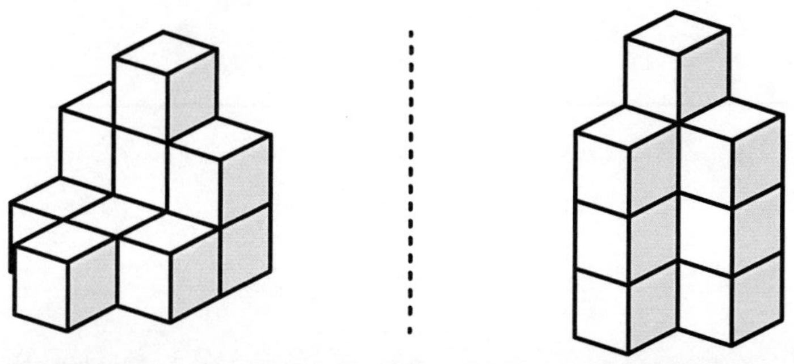

⑧

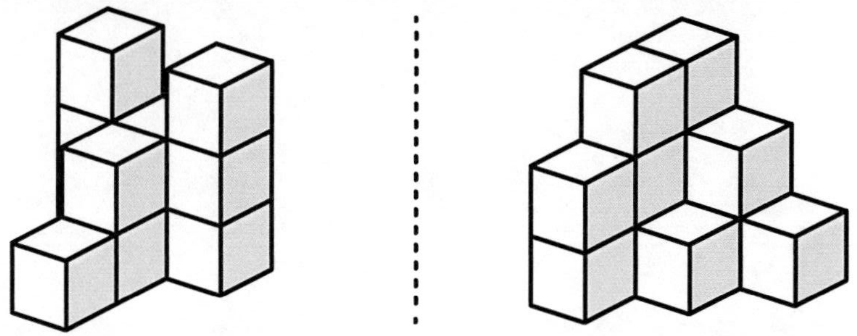

☆愛知教育大学附属名古屋小学校

問題２８

①

②

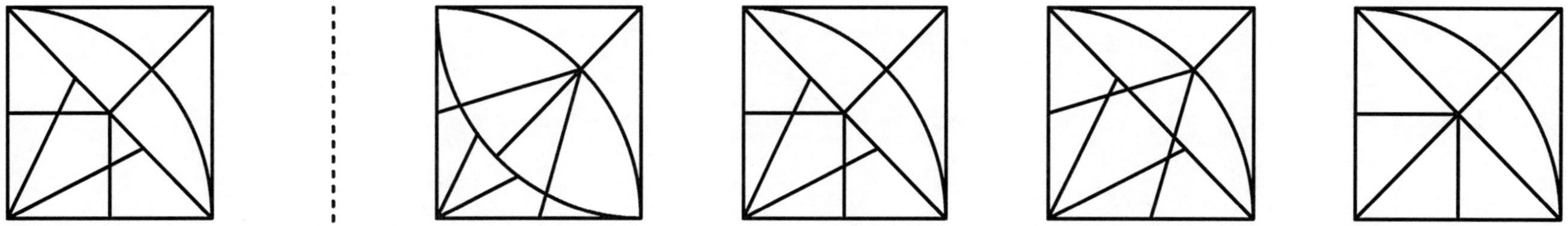

③

④

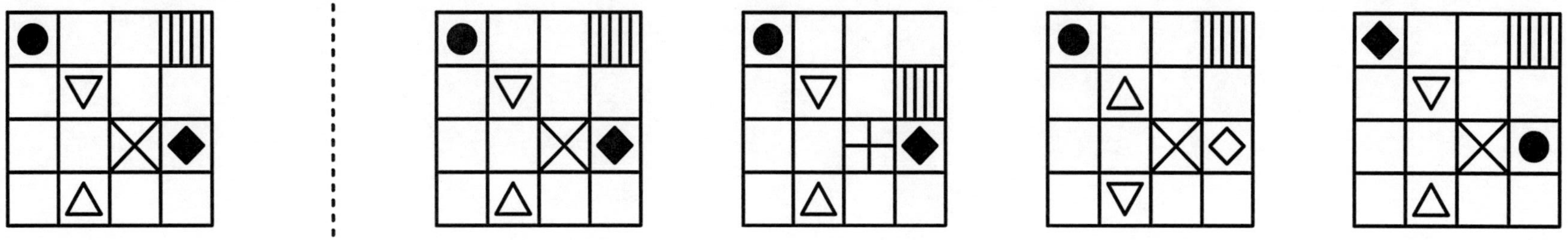

問題29

①

②

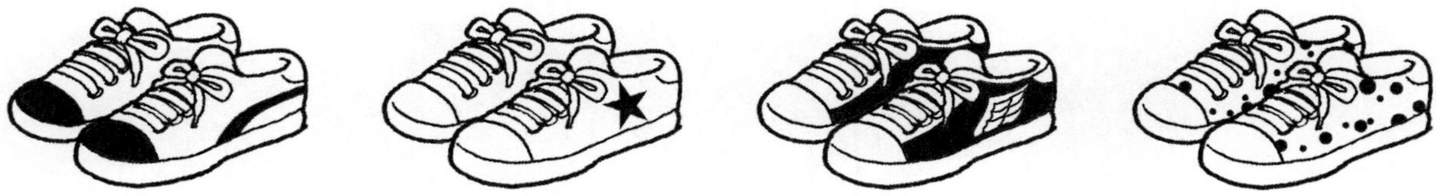

③

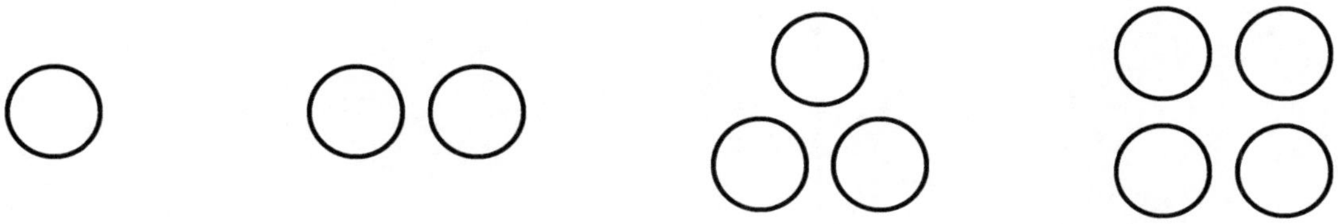

④

☆愛知教育大学附属名古屋小学校

問題３０

①

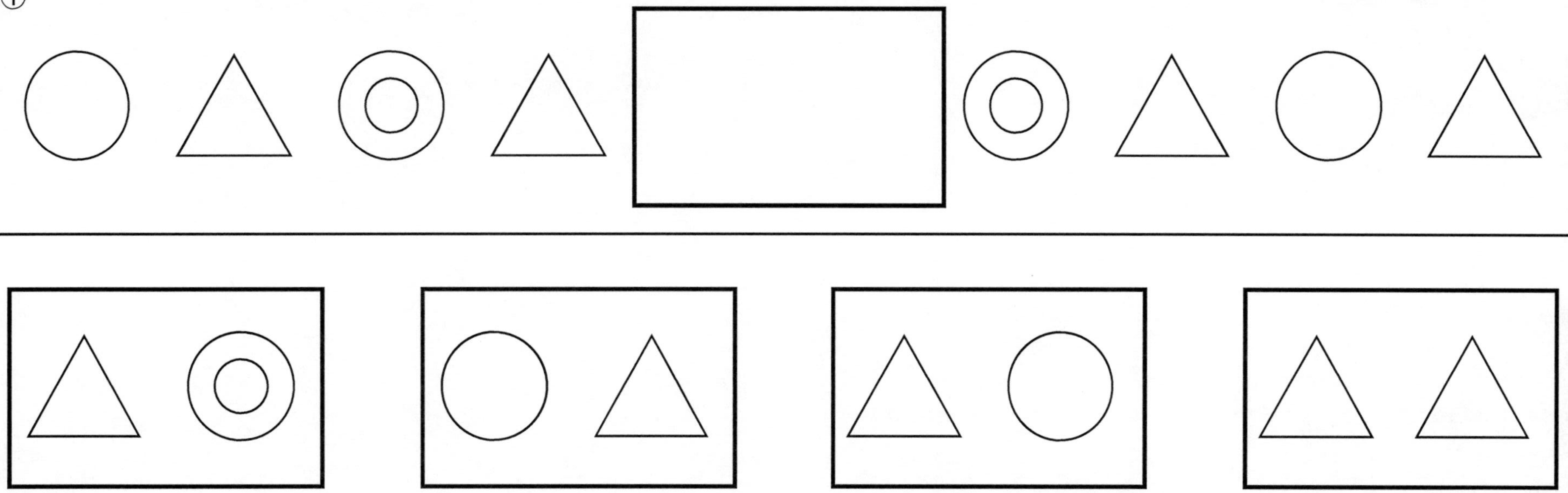

②

☆愛知教育大学附属岡崎小学校

問題３１

①

②

③

④

問題３ ２－１

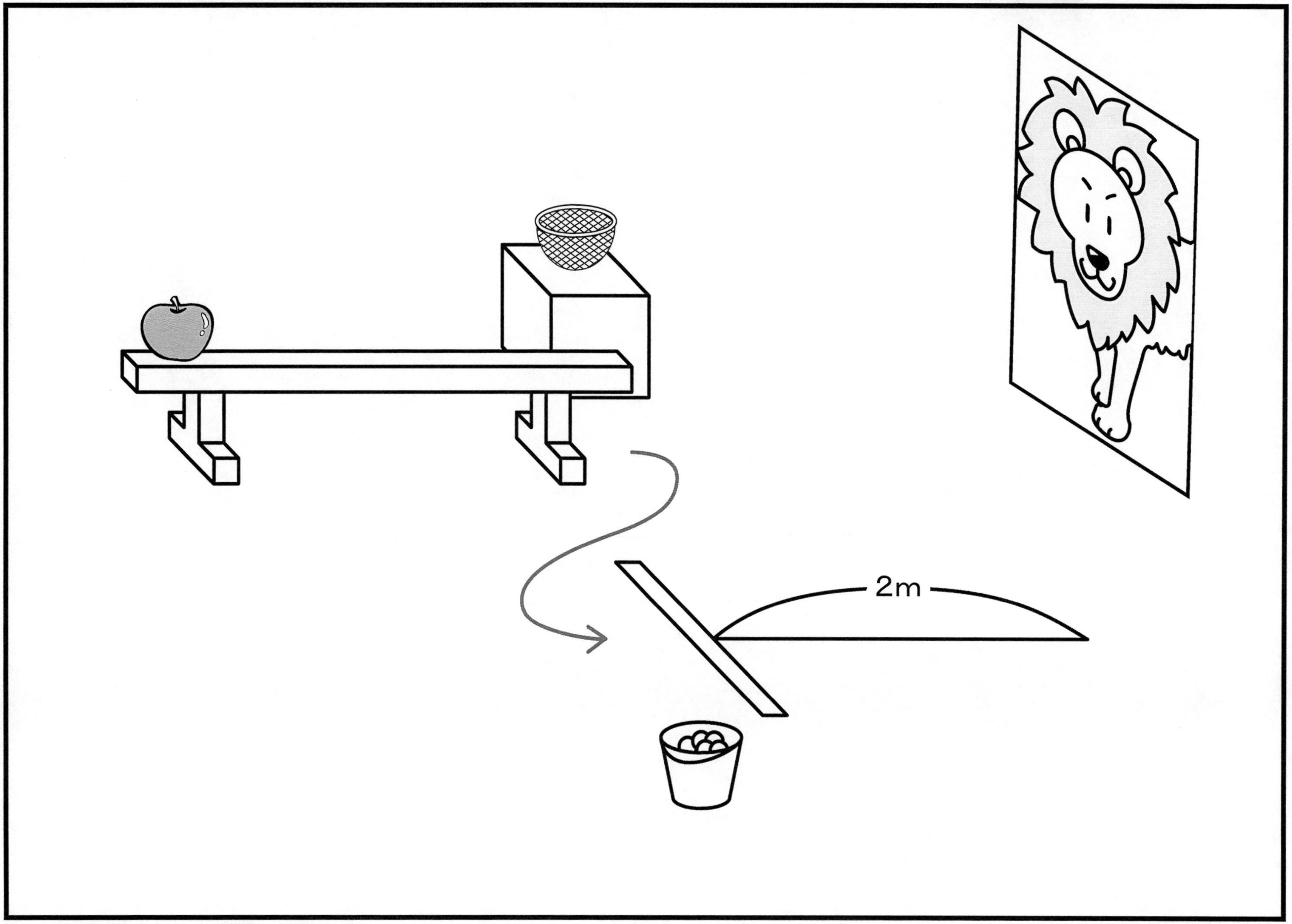

問題３ ２－２

日本学習図書株式会社

問題３３

問題３４

問題35

①

②

③

④

⑤

問題３６

①

②

③

④

⑤

☆愛知教育大学附属岡崎小学校

日本学習図書株式会社

☆愛知教育大学附属岡崎小学校

日本学習図書株式会社

2021 年度 愛知国立 過去　無断複製／転載を禁ずる

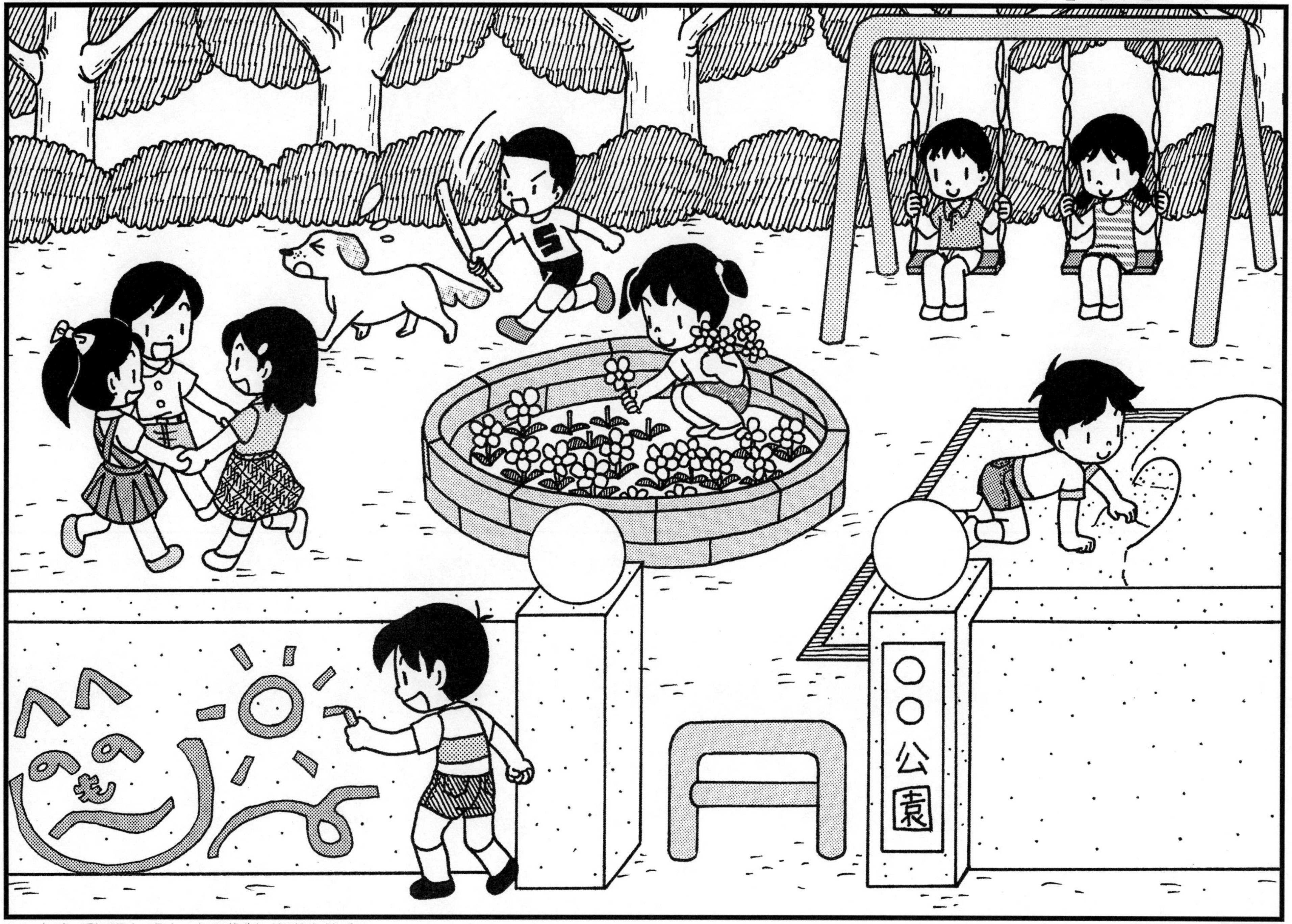

問題38

問題４０－１

①

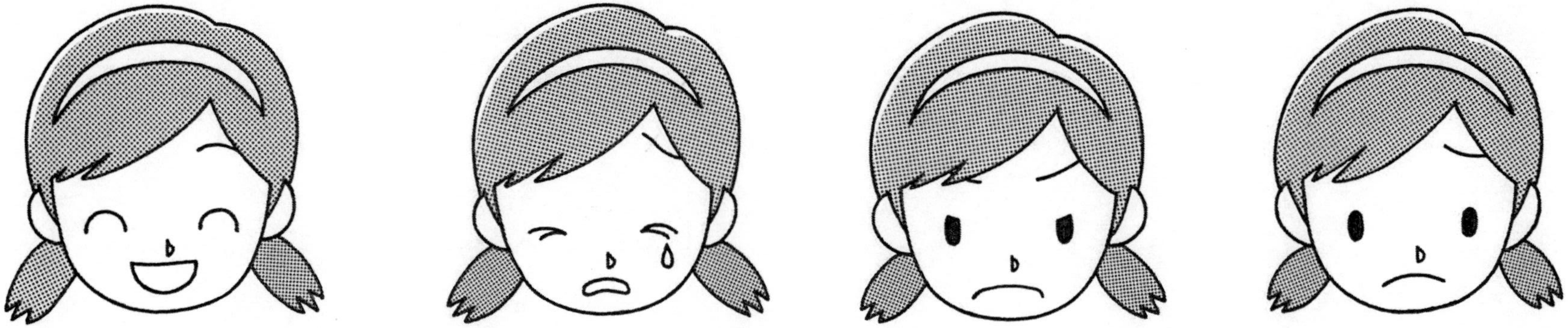

②

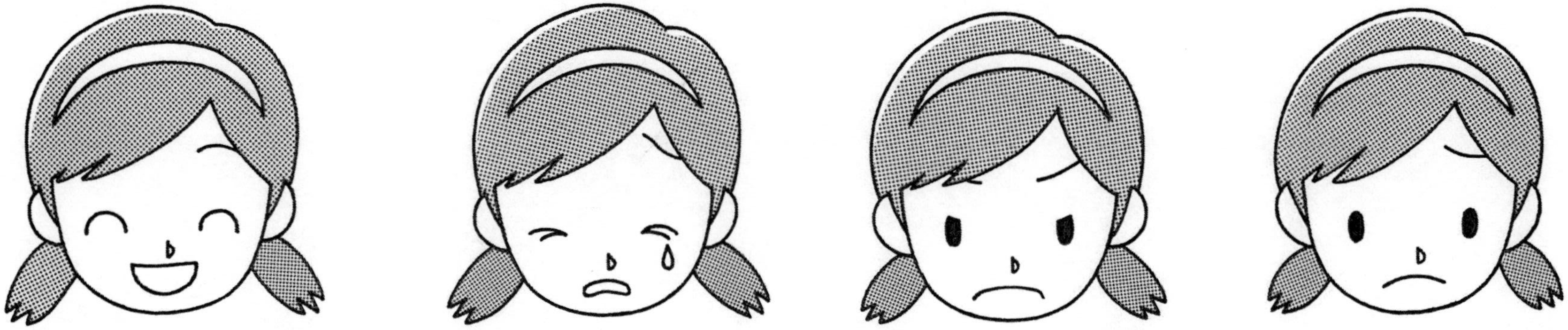

日本学習図書株式会社

問題４０－２

③

分野別 小学入試練習帳 ジュニアウォッチャー

1．点・線図形	小学校入試で出題頻度の高い『点・線図形』の模写を、難易度の低いものから段階別に幅広く練習することができるように構成。
2．座標	図形の位置模写という作業を、難易度の低いものから段階別に練習できるように構成。
3．パズル	様々なパズルの問題を難易度の低いものから段階別に練習できるように構成。
4．同図形探し	小学校入試で出題頻度の高い、同図形選びの問題を繰り返し練習できるように構成。
5．回転・展開	図形などを回転、または展開したとき、形がどのように変化するかを学習し、理解を深められるように構成。
6．系列	数、図形などの様々な系列問題を、難易度の低いものから段階別に練習できるように構成。
7．迷路	迷路の問題を繰り返し練習できるように構成。
8．対称	対称に関する問題を４つのテーマに分類し、各テーマごとに問題を段階別に練習できるように構成。
9．合成	図形の合成に関する問題を、難易度の低いものから段階別に練習できるように構成。
10．四方からの観察	もの（立体）を様々な角度から見て、どのように見えるかを推理する問題を段階別に整理し、１つの形式で複数の問題を練習できるように構成。
11．いろいろな仲間	ものや動物、植物の共通点を見つけ、分類していく問題を中心に構成。
12．日常生活	日常生活における様々な問題を６つのテーマに分類し、各テーマごとに一つの問題形式で複数の問題を練習できるように構成。
13．時間の流れ	『時間』に着目し、様々なものごとは、時間が経過するとどのように変化するのかということを学習し、理解できるように構成。
14．数える	様々なものを『数える』ことから、数の多少の判定やかけ算、わり算の基礎までを練習できるように構成。
15．比較	比較に関する問題を５つのテーマ（数、高さ、長さ、量、重さ）に分類し、各テーマごとに問題を段階別に練習できるように構成。
16．積み木	数える対象を積み木に限定した問題集。
17．言葉の音遊び	言葉の音に関する問題を５つのテーマに分類し、各テーマごとに問題を段階別に練習できるように構成。
18．いろいろな言葉	表現力をより豊かにするいろいろな言葉として、擬態語や擬声語、同音異義語、反意語、数詞を取り上げた問題集。
19．お話の記憶	お話を聴いてその内容を記憶、理解し、設問に答える形式の問題集。
20．見る記憶・聴く記憶	「見て憶える」「聴いて憶える」という『記憶』分野に特化した問題集。
21．お話作り	いくつかの絵を元にしてお話を作る練習をして、想像力を養うことができるように構成。
22．想像画	描かれてある形や景色に好きな絵を描くことにより、想像力を養うことができるように構成。
23．切る・貼る・塗る	小学校入試で出題頻度の高い、はさみやのりなどを用いた巧緻性の問題を繰り返し練習できるように構成。
24・絵画	小学校入試で出題頻度の高い、お絵かきやぬり絵などクレヨンやクーピーペンを用いた巧緻性の問題を繰り返し練習できるように構成。
25．生活巧緻性	小学校入試で出題頻度の高い日常生活の様々な場面における巧緻性の問題集。
26．文字・数字	ひらがなの清音、濁音、拗音、拗長音、促音と１～20までの数字に焦点を絞り、練習できるように構成。
27．理科	小学校入試で出題頻度が高くなりつつある理科の問題を集めた問題集。
28．運動	出題頻度の高い運動問題を種目別に分けて構成。
29．行動観察	項目ごとに問題提起をし、「このような時はどうか、あるいはどう対処するのか」の観点から問いかける形式の問題集。
30．生活習慣	学校から家庭に提起された問題と思って、一問一問絵を見ながら話し合い、考える形式の問題集。

31．推理思考	数、量、言語、常識（含理科、一般）など、諸々のジャンルから問題を構成し、近年の小学校入試問題傾向に沿って構成。
32．ブラックボックス	箱や筒の中を通ると、どのようなお約束でどのように変化するかを推理・思考する問題集。
33．シーソー	重さの違うものをシーソーに乗せた時どちらに傾くのか、またどうすればシーソーは釣り合うのかを思考する基礎的な問題集。
34．季節	様々な行事や植物などを季節別に分類できるように知識をつける問題集。
35．重ね図形	小学校入試で頻繁に出題されている「図形を重ね合わせてできる形」についての問題を集めました。
36．同数発見	様々な物を数え「同じ数」を発見し、数の多少の判断や数の認識の基礎を学べるように構成した問題集。
37．選んで数える	数の学習の基本となる、いろいろなものの数を正しく数える学習を行う問題集。
38．たし算・ひき算１	数字を使わず、たし算とひき算の基礎を身につけるための問題集。
39．たし算・ひき算２	数字を使わず、たし算とひき算の基礎を身につけるための問題集。
40．数を分ける	数を等しく分ける問題です。等しく分けたときに余りが出るものもあります。
41．数の構成	ある数がどのような数で構成されているか学んでいきます。
42．一対多の対応	一対一の対応から、一対多の対応まで、かけ算の考え方の基礎学習を行います。
43．数のやりとり	あげたり、もらったり、数の変化をしっかりと学びます。
44．見えない数	指定された条件から数を導き出します。
45．図形分割	図形の分割に関する問題集。パズルや合成の分野にも通じる様々な問題を集めました。
46．回転図形	「回転図形」に関する問題集。やさしい問題から始め、いくつかの代表的なパターンから、段階を踏んで学習できるよう編集されています。
47．座標の移動	「マス目の指示通りに移動する問題」と「指示された数だけ移動する問題」を収録。
48．鏡図形	鏡で左右反転させた時の見え方を考えます。平面図形から立体図形、文字、絵まで。
49．しりとり	すべての学習の基礎となる「言葉」を学ぶこと、特に「語彙」を増やすことに重点をおき、さまざまなタイプの「しりとり」問題を集めました。
50．観覧車	観覧車やメリーゴーラウンドなどを舞台にした「回転系列」の問題集。「推理思考」分野の問題ですが、要素として「図形」や「数量」も含みます。
51．運筆①	鉛筆の持ち方を学び、点線なぞり、お手本を見ながらの模写で、線を引く練習をします。
52．運筆②	運筆①からさらに発展し、「欠所補完」や「迷路」などを楽しみながら、より複雑な鉛筆運びを習得することを目指します。
53．四方からの観察 積み木編	積み木を使用した「四方からの観察」に関する問題を練習できるように構成。
54．図形の構成	見本の図形がどのような部分によって形づくられているかを考えます。
55．理科②	理科的知識に関する問題を集中して練習する「常識」分野の問題集。
56．マナーとルール	道路や駅、公共の場でのマナー、安全や衛生に関する常識を学べるように構成。
57．置き換え	さまざまな具体的・抽象的事象を記号で表す「置き換え」の問題を扱います。
58．比較②	長さ・高さ・体積・数などを数学的な知識を使わず、論理的に推測する「比較」の問題を練習できるように構成。
59．欠所補完	線と線のつながり、欠けた絵に当てはまるものなどを求める「欠所補完」に取り組める問題集です。
60．言葉の音（おん）	しりとり、決まった順番の音をつなげるなど、「言葉の音」に関する問題に取り組める練習問題集です。

◆◆ニチガクのおすすめ問題集◆◆

より充実した家庭学習を目指し、ニチガクではさまざまな問題集をとりそろえております!!

ジュニアウォッチャー（既刊 60 巻）

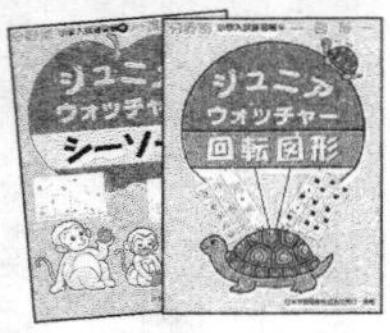

①～⑥⓪（以下続刊）
本体各￥1,500 ＋税

入試出題頻度の高い９分野を、さらに 60 の項目に細分化した問題集が出来ました。
苦手分野におけるつまずきを効率よく克服するための 60 冊となっており、小学校受験における基礎学習にぴったりの問題集です。ポイントが絞られているため、無駄なく学習を進められる、まさに小学校受験問題集の入門編です。

国立・私立 NEW ウォッチャーズ

言語 / 理科 / 図形 / 記憶
常識 / 数量 / 推理
各２巻・全 14 巻
本体各￥2,000 ＋税

シリーズ累計発行部数 40 万部以上を誇る大ベストセラー「ウォッチャーズシリーズ」の趣旨を引き継ぐ新シリーズができました！
こちらは国立・私立それぞれの出題傾向に合わせた分野別問題集です。全問「解答のポイント」「ミシン目」付き、切り離し可能なプリント学習タイプで家庭学習におすすめです！

まいにちウォッチャーズ（全 16 巻）

導入編 / 練習編
実践編 / 応用編　各４巻
本体各￥2,000 ＋税

シリーズ累計発行部数 40 万部以上を誇る大ベストセラー「ウォッチャーズシリーズ」の趣旨を引き継ぐ新シリーズができました！
こちらは、お子さまの学習進度に合わせ、全分野を網羅できる総合問題集です。全問「解答のポイント」「ミシン目」付き、切り離し可能なプリント学習タイプで家庭学習におすすめです！

実践 ゆびさきトレーニング①・②・③

①・②・③　全３巻
本体　各￥2,500 ＋税

制作問題に特化した問題集ができました。
有名校が実際に出題した問題を分析し、類題を各 35 問ずつ掲載しています。様々な道具の扱い方（はさみ・のり・セロハンテープの使い方）から、手先・指先の訓練（ちぎる・貼る・塗る・切る・結ぶ）、表現することの楽しさも学習することができる問題集です。

お話の記憶問題集

初級編
本体￥2,600 ＋税
中級編 / 上級編
本体各￥2,000 ＋税

「お話の記憶」分野の問題集ができました。
あらゆる学習に不可欠な、語彙力・集中力・記憶力・理解力・想像力を養うと言われているのが「お話の記憶」という分野です。難易度別に収録されていますので、まずは初級編、慣れてきたら中級編・上級編と学習を進められます。

分野別 苦手克服シリーズ（全６巻）

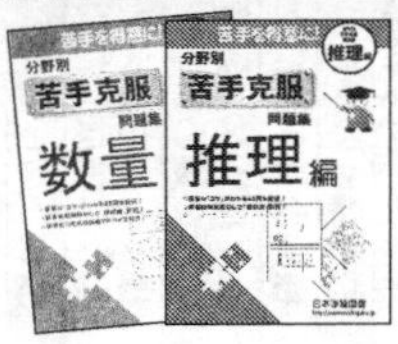

図形 / 数量 / 言語
常識 / 記憶 / 推理
本体各￥2,000 ＋税

お子さまの苦手を克服する問題集ができました。
アンケートに基づき、多くのお子さまが苦手とする数量・図形・言語・常識・記憶の６分野を、それぞれ問題集にまとめました。全問アドバイス付きですので、ご家庭において、そのつまづきを解消するためのプロセスも理解できます。

運動テスト・ノンペーパーテスト問題集

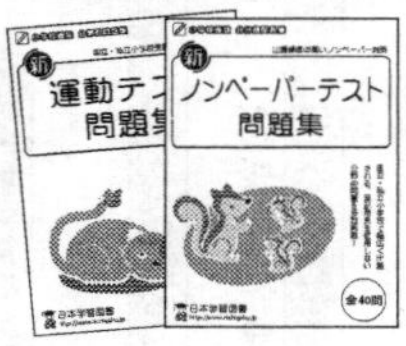

新 運動テスト問題集
本体￥2,200 ＋税

新 ノンペーパーテスト問題集
本体￥2,600 ＋税

ノンペーパーテストは国立・私立小学校で幅広く出題される、筆記用具を使用しない分野の問題を全 40 問掲載しています。
運動テスト問題集は運動分野に特化した問題集です。指示の理解や、ルールを守る訓練など、ポイントを押さえた学習に最適。全 35 問掲載。

口頭試問・面接テスト問題集

新 口頭試問・個別テスト問題集
本体￥2,500 ＋税

面接テスト問題集
本体￥2,000 ＋税

口頭試問は主に個別テストとして口頭で出題解答を行うテスト形式、面接は主に「考え」やふだんの「あり方」をたずねられるものです。
口頭で答える点は同じですが、内容は大きく異なります。想定する質問内容や答え方の幅を広げるために、どちらも手にとっていただきたい問題集です。

小学校受験 厳選難問集　①・②

①・②・③　全３巻
本体各￥2,600 ＋税

実際に出題された入試問題の中から、難易度の高い問題をピックアップし、アレンジした問題集です。応用問題への挑戦は、基礎の理解度を測るだけでなく、お子さまの達成感・知的好奇心を触発します。
①は数量・図形・推理・言語、②は位置・常識・比較・記憶分野を掲載しています。各 40 問。

国立小学校　入試問題総集編

A・B・C（全３巻）
本体各￥3,282 ＋税

国立小学校頻出の問題を厳選して収録した問題集です。細かな指導方法やアドバイスが掲載してあり、効率的な学習が進められます。
難易度別の収録となっており、お子さまの学習進度に合わせて利用できます。付録のレーダーチャートにより得意・不得意を認識でき、国立小学校受験対策に最適な総合問題集です。

おうちでチャレンジ　①・②

①・②　全２巻
本体　各￥1,800 ＋税

関西最大級の模擬試験『小学校受験標準テスト』ペーパー問題を編集した、実力養成に最適な問題集です。延べ受験者数 10,000 人以上のデータを分析し、お子さまの習熟度・到達度を一目で判別できるようになっています。
保護者必読の特別アドバイス収録！学習習熟度を測るためにも、定期的に活用したい一冊です。

Q & A シリーズ

『小学校受験で知っておくべき 125 のこと』
『新 小学校受験の入試面接Ｑ＆Ａ』
『新 小学校受験 願書・アンケート文例集 500』

本体各￥2,600 ＋税

「知りたい！」「聞きたい！」
「こんな時どうすれば…？」
そんな疑問や悩みにお答えする、当社で人気の保護者向け書籍です。受験を考え始めた保護者の方や、実際に入試の出願・面接などを控えている直前の保護者の方など、さまざまな場面で参考にしていただける書籍となっています。

書籍についてのご注文・お問い合わせ
☎ 03-5261-8951
http://www.nichigaku.jp
※ご注文方法、書籍についての詳細は、Web サイトをご覧ください。
日本学習図書　検索

『読み聞かせ』×『質問』=『聞く力』

お話の記憶の練習に最適

1話5分の
読み聞かせお話集①②

「アラビアン・ナイト」「アンデルセン童話」「イソップ寓話」「グリム童話」、日本や各国の民話、昔話、偉人伝の中から、教育的な物語や、過去に小学校入試でも出題された有名なお話を中心に掲載。お話ごとに、内容に関連したお子さまへの質問も掲載しています。「読み聞かせ」を通して、お子さまの『聞く力』を伸ばすことを目指します。

①巻・②巻　各48話

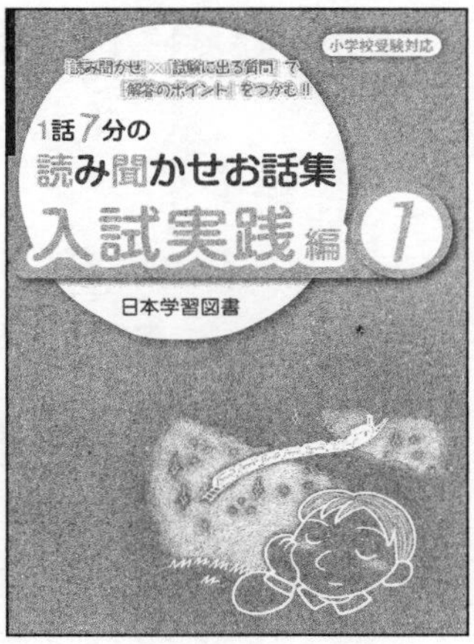

1話7分の読み聞かせお話集
入試実践編①

国立・私立小学校受験対応

最長1,700文字の長文のお話を掲載。有名でない=「聞いたことのない」お話を聞くことで、『集中力』のアップを目指します。設問も、実際の試験を意識した設問としています。ペーパーテスト実施校の多くが「お話の記憶」の問題を出題します。毎日の「読み聞かせ」と「試験に出る質問」で、「解答のポイント」をつかんで臨みましょう！

50話収録

ニチガクの　この5冊で受験準備も万全！

小学校受験入門
願書の書き方から面接まで　リニューアル版

主要私立・国立小学校の願書・面接内容を中心に、学校選びや入試の分野傾向、服装コーディネート、持ち物リストなども網羅し、受験準備全体をサポートします。

小学校受験で
知っておくべき125のこと

小学校受験の基本から怪しい「ウワサ」まで、保護者の方々からの125の質問にていねいに解答。目からウロコのお受験本。

新　小学校受験の
入試面接Q＆A　リニューアル版

過去十数年に遡り、面接での質問内容を網羅。小学校別、父親・母親・志願者別、さらに学校のこと・志望動機・お子さまについてなど分野ごとに模範解答例やアドバイスを掲載。

新　願書・アンケート
文例集500　リニューアル版

有名私立小、難関国立小の願書やアンケートに記入するための適切な文例を、質問の項目別に収録。合格を掴むためのヒントが満載！願書を書く前に、ぜひ一度お読みください。

小学校受験に関する
保護者の悩みQ＆A

保護者の方約1,000人に、学習・生活・躾に関する悩みや問題を取材。その中から厳選した200例以上の悩みに、「ふだんの生活」と「入試直前」のアドバイス2本立てで悩みを解決。